村尾泰弘 著

非行臨床の理論と実践
被害者意識のパラドックス

金子書房

はじめに

　本書のテーマになっている「非行臨床」という用語を積極的に使い始めたパイオニアに井上公大がいる。井上（1980）は非行臨床を「非行少年の社会復帰過程を援助する心理臨床的諸活動」と定義している。非行少年の理解と支援は多くの先達によって行われてきた。本書を執筆するにあたって常に頭から離れなかったのは，井上公大，水島恵一，安倍淳吉といった先達によって試みられた努力と，その成果をいかに引き継ぐか。そして，いかに発展させるかということであった。その一方で，筆者にはこれまでの自らの臨床実践を整理し，総合的に考察したいという素朴な思いがあった。本書はこのような思いや構想から成り立っている。
　筆者は大学院時代に教護院（現在の児童自立支援施設）の心理判定員として働いたことを皮切りに，その後，家庭裁判所調査官として17年間にわたって，少年非行や家庭問題に取り組んだ。大学に職を得てからは，児童養護施設での活動や被害者支援活動などに活動範囲を広げていった。
　また，臨床の基盤となる理論も，精神分析，ユング心理学，家族療法と視点を拡大していった経緯がある。それぞれの理論には格別の思い入れがある。厚顔無恥を省みずあえて申し上げるならば，筆者の臨床活動は，この３つの視点を複眼的に用いながら模索しているという思いが強い。本書では，非行臨床の方法として，この３つの理論を中心に据えた。
　本書は「非行臨床の実践」に必要な理論や技法を論じたものであるが，筆者の非行臨床論の中核にあるものは，被害者意識のパラドックスである。
　非行少年たちは犯罪を犯した加害者でありながら，心中では「自分は親からひどい扱いをされた」「友人から裏切られた」「先生はわかってくれない」「世間から冷たくされてきた」といった被害者意識が充満している。加害者でありながら逆に被害者意識が強い。まるでこころの中は被害者のようである。筆者の非行臨床論は，この被害者意識にどう向き合い，どうかかわるかということから出発している。この被害者意識はいろいろな面で顔を出し，更生の妨げとなる。筆者は被害者支援活動の一環として，犯罪者・非行少年に，犯罪被害者の置かれた悲惨な状況を話すことがしばしばある。しかし，その話はともす

れば上滑りして，彼らの内面に入っていかない。それは，次のような思いがあるからである。「被害者はかわいそうだろう。でも俺はもっとひどい目に遭ってきたんだから，被害者の思いなんか知ったことか」という受けとめ方である。ここでも被害者意識が更生の妨げとなるのが見て取れる。さて，これが次のような思いに変わらないものか。「被害者はかわいそうだ。俺もひどい目に遭ってきたから痛いほどよくわかる」。この受けとめ方に変容して初めて，真の反省や更生に至るのではないか。この考え方への移行を促すために，我々は何をするかが問われるのではないか。本書の執筆を通して常に考えてきたことはこのことである。

　本書は現在活動している非行臨床家，カウンセラー，ソーシャルワーカー，非行・犯罪の研究者を念頭において執筆したものだが，知っておかなければならない基本的な事項を「コラム」として随所に紹介した。このコラムを活用していただければ，初学者でも充分理解し，読みこなせるものになったと考えている。また，少年非行にかかわる法的な問題は煩雑で理解しにくいという現場の声に応えて，必要な法律事項もできるだけわかりやすく解説するように努めた。教師やカウンセラー，ソーシャルワーカーをめざす学生にとっても，非行臨床や臨床心理学の格好の入門書として活用していただけるものになったと自負している。

　なお，本書で用いた事例は一部を変えたり，いくつかの事例をつなぎ合わせるなど，加工を施してある。箱庭についても写真を使用するのではなく，あえて部分的に修正したイラストを用いた。これらはすべてプライバシー保護の観点から行ったことである。ご了承いただきたい。

　最後に，平素からご指導をいただいている岡堂哲雄先生，筆者を温かく励まし，緻密な編集作業をしていただいた金子書房編集部の岩城亮太郎氏に心から御礼を申し上げたい。本書が少年非行を理解するための一助となることを切に願っている。

2012年8月

村尾　泰弘

文献
井上公大（1980）．非行臨床　創元社

目　次

はじめに　i

第1章
現代非行の特質
—— コミュニケーション不全と自己愛の時代

1　現代非行と若者の問題行動　1
2　いきなり型非行の背景　4
3　ひきこもりの背景　6
4　「集団化できない子どもたち」——コミュニケーション不全　7
5　現代の若者と自己愛　12
6　少年非行の時代的推移——第二次世界大戦後の4つの波　14

第2章
非行少年と非行性の理解
—— 被害者意識のパラドックス

Ⅰ　非行少年の理解
1　少年非行をどのように理解するか　17
2　被害者意識　20
3　被害者意識と行動化への対応——自己決定の尊重　21
4　非行臨床の鍵——逆説には逆説を　27

Ⅱ　非行性の理解と対応
1　非行性をどのように考えるか　28

2　非行深度と自我状態　28
　　3　非行性の二次元的理解の試み　30
　　4　二次元的非行性理解の実際　32
　　5　事例による二次元的非行性理解の検討　32
　　6　二次元的非行性理解による処遇の検討　35

第3章　非行臨床の方法　37

Ⅰ　カウンセリングと家族療法，ナラティヴ・セラピー
　　1　非行カウンセリング──受容するということ　37
　　2　家族療法──家族システムとその変容　41
　　3　ナラティヴ・セラピー──物語と語り，そして，ユニークな結末　50
　　4　家族療法の流れとブリーフセラピー　62

Ⅱ　精神分析とユング心理学
　　1　非行臨床と精神分析　65
　　2　影の臨床心理学──非行臨床とユング心理学　71
　　3　箱庭療法　80

Ⅲ　地域社会へのかかわり
　　1　マルチシステミック・セラピー（MST）　92
　　2　非行化の進展プロセス　95

第4章　ストレスとトラウマの理解　98

　　1　ストレスとは何か　98
　　2　トラウマとPTSD　101
　　3　虐待を受けた子ども　103

    4　ストレスと問題行動　107
    5　対人支援職のストレスとトラウマ　109

第5章
さまざまな少年非行　　　　　　　　　　　　　　　119

    1　発達障害と少年非行　119
    2　万引き　127
    3　いじめと児童虐待──その共通の課題とは　131
    4　暴走族と非行集団　137
    5　薬物乱用　138

第6章
少年非行と司法　　　　　　　　　　　　　　　　149

    1　家庭裁判所と少年審判　149
    2　少年事件の処理プロセス　152
    3　少年事件にかかわる諸機関　158

第7章
非行臨床の新たな展開　　　　　　　　　　　　　　164

    1　被害者支援──被害者を忘れた刑事裁判　164
    2　被害者の視点を取り入れた教育──少年院，刑務所での取り組み　168
    3　修復的司法　172
    4　おわりに　175

索引　178

コラム

カウンセリングの基本姿勢と C.R. ロジャーズ　40
家族システムとコミュニケーション　43
非行少年の家族の特質　47
こころの仕組み　66
衝動的性格（W. ライヒ）　70
ユング心理学の基本概念　74
セリエとストレス　99
ストックホルム症候群　109
転移と逆転移　114
自閉症，広範性発達障害，アスペルガー症候群，注意欠陥多動性障害
　（ADHD）　120
シンナー遊びと「術（じゅつ）」　146
試験観察　157

第1章

現代非行の特質

——コミュニケーション不全と自己愛の時代

1 現代非行と若者の問題行動

　今，青少年の間ではどんな問題が深刻化しているのだろうか。いじめ，薬物非行，不登校，性非行等，さまざまな問題が挙げられる。しかし，そのような中で，現代の青少年を特徴づける問題行動を特に指摘するとしたならば，筆者は「いきなり型非行」と「ネット型非行」，そして「ひきこもり・ニート」と「発達障害」の4つの問題に注目したい。この4つの問題行動をまず概観してみることにする。

いきなり型非行
　マスコミではしばしば少年の起こした凶悪犯罪が取り上げられる。そして，一般的には少年事件は凶悪化していると受けとめられがちである。しかし，これには注意を要する。凶悪な少年犯罪はなにも今に始まったわけではないからである。統計的に見ても，現在，少年の凶悪事件が多いわけではない。では，現在の「凶悪事件」は何が問題なのか。
　従前の凶悪な少年犯罪は一定の道筋があった。万引きに始まり，恐喝，暴力犯罪などを繰り返し，言葉は悪いが，非行の「キャリア・アップ」を積んで，最終的に凶悪な犯罪を犯すという一定の流れがあった。ところが，現代の凶悪非行は，特に補導歴のないような，一見普通の少年が，いきなり凶悪なことをするから問題なのである。このような非行を「いきなり型非行」と呼んでいる。

ネット型非行

　2000年代に入って，パソコン，携帯電話などのIT機器が急速に普及し，これらを用いた非行が頻繁に取りざたされるようになった。ネット集団自殺や出会い系サイトに関連した非行，また学校裏サイトを利用する陰湿ないじめや非行が多発している。

　学校裏サイトとは学校の情報交換をするために，子どもがつくった私的なサイトである。このサイトに個人を特定できる形で「死ね」「キモい」等の誹謗中傷が書き込まれる。書き込みは誰でもでき，また書き込んだ側の情報も残らない。自宅にパソコンがなくても，携帯電話の端末からこれらのサイトにアクセスできるため，子どもたちにも容易に利用できる。ネット型いじめの最大の特徴はその匿名性である。いじめる子が社会的制裁を受けたり，相手からの仕返しを恐れることなく，いじめを行うことができる。このような非行を「ネット型非行」と呼んでいる。IT機器を用いたこれらの非行も現代の非行を特徴づけるものである。

ひきこもり・ニート

　さらに現代の若者を特徴づける問題行動に「社会的ひきこもり」がある。一般的には「ひきこもり」と呼ばれることが多い。

　家の中に閉じこもっている。外に出ようとしない。学校や職場に行かない。場合によっては，家族と一緒に食事をとることもしない。何年も家族と会話をしない者もいる。このような若者が社会問題になっているのである。10代の少年ならまだわかるが，20代，30代，甚だしい場合は40代にもなってこんなことを続けている者もめずらしくない。

　仕事に行かないで，いわば親のすねをかじるわけだが，「すねかじり」という表現などはあまりに生ぬるいので，「パラサイト」（寄生）現象ともいわれている。この問題がニート問題とも相まって，現代の大きな社会問題になっている。厚生労働省では，ひきこもりを「仕事や学校に行かず，かつ家族以外の人との交流をほとんどせずに，6か月以上続けて自宅にひきこもっている状態」と定義して対応を検討している（厚生労働省：政策レポート「ひきこもり施策について」による）。

　ニートは，Not in Education, Employment or Training の略である。「学校に行っていない，仕事もしていない，職業訓練も受けているわけでもない若者」をさす。イギリス発祥の言葉であり，その背景には，イギリスの国情が色濃く

反映されている。

　日本のニートは，どのように定義されるかというと，総務省労働局「労働力調査」ではニートを「15〜34歳で，非労働力人口のうち，家事も通学もしていない者」と定義して調査している。日本においては，ニートはひきこもりとの関連で論じられることが多いのが特徴となっている。このひきこもり・ニート問題が現代の若者の深刻な問題となっていることは疑うことができないことであろう。

発達障害と非行
　2000年以降，ネット型非行と同様に目立って取り上げられることが多くなったものに，発達障害がある。非行領域においても，2000年以降，いくつかの少年事件で，加害少年が広汎性発達障害を有していると鑑定されることがたびたび見られた。豊川市主婦殺害事件，長崎市園児殺害事件などがそれである。最近は学校現場でも，広汎性発達障害，注意欠陥多動性障害（ADHD），学習障害（LD）といった発達障害が取りざたされることが多い。
　これらの発達障害に共通するものは何か。筆者の考えでは，これらの共通項は，コミュニケーションに問題を抱えていることである。発達障害を有する子どもは，「変わった子」「変な子」「困った子」などと認識されることが多いが，このような子どもたちはコミュニケーションが苦手であり，いわば「理解されにくい子ども」なのである。この障害を抱える子が，非行に走る場合，周囲からの無理解がある。結果として非行に追いやられていくのである（発達障害と非行については，第5章で改めて取り上げたい）。

「いきなり型非行」「ネット型非行」「ひきこもり・ニート」「発達障害」の関連性
　「いきなり型非行」「ネット型非行」「ひきこもり・ニート」「発達障害」は，まったく別個な問題として理解されることが多いが，実はこの一見関連性に乏しい現象は，根底部分は共通しているというのが，筆者の考え方である。共通の土台は，コミュニケーションに問題を抱えていることである。
　本章では，この共通の問題を検討していく中で，現代の子どもの問題や家族の問題を考えていくことにしたい。

2 いきなり型非行の背景

　現代の少年非行においては，一見普通に見える少年がいきなり凶悪なことをするところに問題があるのだと述べた。しかし，本当に「いきなり」なのか。
　実は「いきなり」ではなく，それなりの段階を踏んでいるのだという指摘をする専門家も少なくない。親や教師には「いきなり」に見えるだけで，凶悪なことをする前兆や前段階があるというのである。筆者もその考え方である。では，なぜその前兆が見えにくいのだろうか。

(1) 黒磯市ナイフ事件から見る現代非行の背景

　「普通の少年」による凶悪事件が話題となる発端となったのが，平成10年の1月に起こったナイフ事件だったのではないだろうか。栃木県黒磯市の中学校で女性教師が生徒にナイフで刺され死亡した事件のことである。その後，ナイフに関連した事件が立て続けに起こった。この一連のナイフ事件で注目されたのは，教師たちに加害少年について尋ねると，「普通の生徒」という回答が返ってきたことである。
　筆者はこの「普通の生徒」という表現には大きな落とし穴があるのではないかと考えるようになった。そして，この問題を深く考えていくと，そこから現代の非行問題，ひいては教育病理についてさまざまな問題が見えてくることを実感するようになったのである。

「普通の生徒」の意味

　そもそも教師たちがいう「普通の生徒」と，我々が考える「普通の生徒」とは，どうも意味が同じではないらしいのである。
　「普通の生徒」というと我々はおそらく，平均的な生徒，あるいはノーマルな生徒というふうに考えるのではないだろうか。しかし，ここではそういう意味で使っているのではないらしい。「自分たちは（当該生徒を）不良少年としてチェックしていなかった」という意味で使っているのではないかと思われるのである。「不良少年としてチェックしていなかった」ということと「ノーマルな生徒」ということは決して同じ意味ではない。
　「不良少年としてチェックしていなかった」とはどういう意味か。これは「（彼が）目立つ不良グループの一員でなかった」ということではないだろうか。こ

こが問題なのである。

　我々は，不良といえば，群れたがると考える。そして集団で強がって，妙な格好や言動をして反抗する……こういう固定した見方をしてしまうのである。ところが，最近の子どもたちはそういう見方では捉えられなくなってきているのである。「普通の生徒」の裏にはこのような問題が隠されていると考えられる。

　この問題を考えるにあたって，ひとつのキー・ポイントになるのが，「現在の子どもたちは，グループを形成する力が弱くなっている」ということである。これは，さまざまな問題と関連している。

(2) 校内暴力の変遷

　最近新たな校内暴力の問題がクローズアップされている。なぜ新たな問題かというと，かつての校内暴力との質の違いが指摘されているからである。

　昭和56年頃猛威を振るった校内暴力は，一言でいうと，いわゆるツッパリ生徒が自分たちを圧迫する教師に対して，集団で反抗したものである。

　ところが，最近の校内暴力は少し違う。単発型で「キレる」といわれている。つまり気に入らないことがあると自分をコントロールできなくなるのである。「反抗する」というよりも，情緒的に混乱する傾向が強く，まるで家庭内暴力が学校で起こっているかのような印象さえ受ける。グループで行動するという問題ではないのである。

　筆者は，このような現状を「集団化できない生徒たち」という言葉で捉えている。

(3) 土着の非行集団と都市型の非行集団

　かつては，不良少年といえば，先輩後輩という上下関係の秩序を非常に重んじたものである。こういういわば古典的な非行集団は，住居地，特に地元の中学校を中心に形成される。ところが最近の不良少年の中には，こういう集団に入るのが嫌だという者も目につく。先輩に指図されたくないという者も多い。

　その一方で，都市型の非行集団が目立つようになってきている。「チーム」あるいは「ギャング」などと呼ばれる集団である。これは前述の土着の非行集団とは形成過程が異なる。住居地で形成されるのではなく，人が集まってくる大きな駅や繁華街を中心に作られるのである。さまざまなところに住んでいる少年たちが集まってきて作るのである。だから人間関係は希薄である。そのためお互いのリンチなどは凄惨を極めることがある。

　ところが，この両者のどちらにも属することができない，いわば集団行動が

とれない少年たちが数多くいることに注目したい。要するに，都市型の不良集団に加えてもらう勇気もなければ，地域の先輩後輩の上下関係に縛られることも拒むという少年たちである。

　彼らはそれぞれに問題を抱えていることが多い。以前であれば，同じような問題を抱えた子どもたちはグループを組んだ。ところが，現代の少年たちは，なかなか集団化しない。だから，非行的な問題を持つ子どもであっても，かつてのように非行少年として目立たないのである。

　そのような子どもたちが問題を起こすと，「普通の生徒たち」と表現される可能性があるのではないか。「普通の生徒たち」とは決して「問題を持たない生徒」と同じではないことに注意しなければならないのである。

　これまで見てきたように，その背景には「集団化できない少年たち」の問題，すなわち，少年たちが個に分解され，人間関係が希薄化してきている現状が指摘できるのである。

3　ひきこもりの背景

　このことはひきこもりの問題とも関連している。家の中にひきこもって，学校にも行かない，仕事に行かない，ひたすら親のすねかじりをしている若者が増えているということはすでに述べた。このパラサイト現象をどう考えればよいのだろう。なぜこのような若者が増えたのだろうか。

　そのことを考える前に，現代の若者全般について目を向けてみたい。

　筆者は大学で教鞭を執っていることもあって，大学生から相談を受けることが多いが，その大部分が対人関係の悩みであることに驚かされる。ひきこもりであるか否かにかかわらず，現代の多くの若者が対人関係に問題意識やつまずきを感じているということなのだろう。

　ひきこもりの若者が増えていることの背景には，このように対人関係に傷つきやすく，非常に敏感な若者が増えていること，深い人間関係を学習する機会そのものが乏しくなってきていることが指摘できる。これは，非行を繰り返す少年たちにおいて指摘した「集団化できない少年たち」の問題と一致するのである。

4 「集団化できない子どもたち」——コミュニケーション不全

(1) 少年非行の質の変化

　筆者は現代非行の傾向について、その質の変化に注目している。どのような変化か詳しく見ていこう。

　世間では一般に少年事件は凶悪化していると受けとめられがちであることはすでに述べた。例えば、平成17年1月に内閣府から発表された「少年非行等に関する世論調査」によると、「少年による重大な事件が以前と比べ増えていると思うか」という問いに、93.1％の人が「増えている」と答えている。また、平成13年の同様の調査と比較しても、「低年齢化」や「凶悪・粗暴化」をその特徴に挙げている者が増えている。しかし、実際はどうかというと、過去の事件数などと比較してみると、成人事件も含めると、現在は決して凶悪事件が多いとはいえないと指摘する者が多い。例えば、河合（2004）は、統計を駆使しながら、現在の日本は決して凶悪事件が多いわけでもなく、また治安が悪化しているわけでもないと強調している（図1-1）。

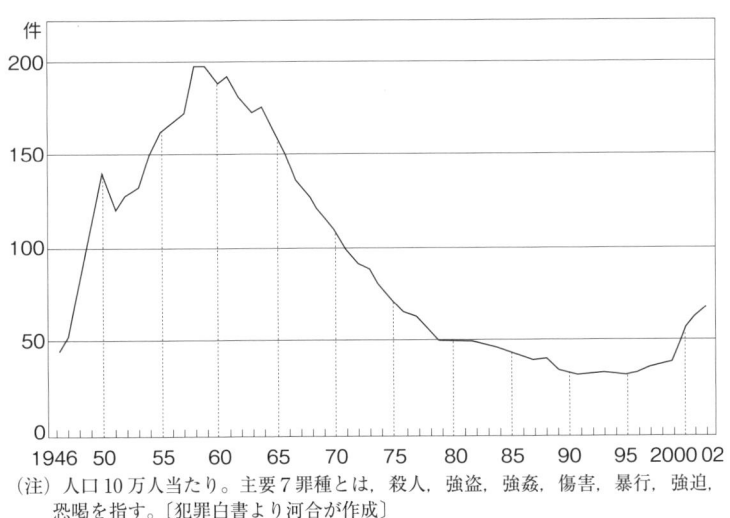

（注）人口10万人当たり。主要7罪種とは、殺人、強盗、強姦、傷害、暴行、脅迫、恐喝を指す。〔犯罪白書より河合が作成〕

図1-1　凶悪事件の変遷（河合，2004，p.46）

では，現代の少年非行の特質とはどんなところにあるのか。筆者は，少年によるひったくり事件にその特質が現れていると考え，注目している。

(2) 事例　強盗致傷（16歳，高校1年生男子）

ここで，事例をひとつ挙げてみたい。16歳の高校1年男子による強盗致傷事件である。初老の女性が夜道を歩いていたところ，後ろから少年が近づいてきて，いきなりその女性の頭を棒で殴りつけ，現金を強奪したという凶悪な事件である。

筆者はこの事件を知り，加害者の少年について凶暴そのもののような印象を受けた。ところが実際にその少年に会ってみると，ちょっとイメージが違うことに驚いた。口数が少なく，ひ弱そうな少年なのである。ところが，じっくりとこの少年にかかわっていくと，なぜこの少年がこのようなことをしたかがわかってきた。要するにこの少年には話術がないのである。

一昔前であれば，粗暴な少年非行の代表は恐喝であった。恐喝はどのようにして行われるかというと，まず「金を貸せ」などと声を掛け，相手を威嚇する（もちろん返すつもりはなく，そう言うのである）。すると相手は恐怖心に駆られて現金を出す。ところが，そう簡単に現金を出さない場合もある。そうすると，少年たちは相手の出方に臨機応変に対応して，現金を出させる。例えば「おまえ，そんなきれいな鞄を持っているのだから，金がないわけないだろう」などと脅すのである。つまり，やりとり，会社員で言えば営業活動に相当する行動を取るのである。これが恐喝の特徴である。ところが，先の事例の少年はまるでそのような営業活動，コミュニケーション行動が取れない。だから，いきなり棒で殴るという暴挙に出たのである。ここにはコミュニケーション不全の問題が見て取れる。

(3)　ひったくりと少年非行

単に凶悪事件だといえば，取り締まりを強化しろ，厳罰化しろ，という単純な発想しか出てこない。しかし，そのような単純な発想では事例のような少年の対応は適切にできないだろう。この少年に必要なことは，対人交渉ができないことへの手当て，ソーシャルスキルやコミュニケーション技能についての手当てではないだろうか。このように問題を捉えていく方が，少なくともこの非行はよく理解できるし，指導法も見えてくるに違いない。

恐喝とひったくりの違いはどこにあるか。先に見てきたように，加害者と被害者の間にコミュニケーションが介在するかどうかの違いと考えてもよい。恐

喝はコミュニケーションが介在するが、ひったくりには介在しないところに特徴があるのである。

　筆者は、現代非行の質の変化として、恐喝からひったくりへ、ひったくりから強盗へという流れが見られるのではないかと考えている。そして、現代非行は、加害者・被害者間のコミュニケーションが介在しない方向へシフトしてきているのではないかと見ているのである。

　この流れの背景には何があるのだろうか。

　筆者は、現代の若者の大きな問題のひとつとして、コミュニケーションそのものの問題があると考えている。

(4) 平成16年に熊谷市で起こったバット強盗事件から見えてくること

　ここで、平成16年に埼玉県熊谷市で起こった金属バットによる強盗事件について取り上げたい。この事件は金属バットで通行人の頭部を殴りつけて金を奪うという事件を繰り返し、死者が出る事件にまで発展したというものである。同県鶴ヶ島市の中学生が関与していたことから地元では大変な話題になった。同市の教育委員会はこの事件後の対応のために「子どもの立場に立った教育推進委員会」を設置し、筆者もその委員として、調査や検討に加わったのである。

事件の概要

　平成16年6月28日から8月23日にかけて、熊谷市内で、鶴ヶ島市在住の中学3年生男子B、C（ともに15歳）、中学2年生男子D（13歳）を主な実行役として、Dの兄である塗装工A（21歳）の主導のもとに、夜間、連続して、自転車で通行中の20歳から65歳までの被害者計7人（内1人は未遂）を金属バットで襲撃する路上強盗を行った。年齢はいずれも事件当時である。

　一連の事件のうち、最も凶悪とされたのは、平成16年7月29日午前1時頃、熊谷市内の路上で、男性（当時65歳）の顔面を金属バットで殴って死亡させ、現金約13万円を奪った事件である。

　9月4日、BおよびCが西入間警察に自首し、事件が発覚し、強盗殺人・強盗致傷・強盗未遂等事件（成人事件の罪名は6つ、少年の非行事実も同様）で、少年5人を含む7人が逮捕された。

事件の背景

加害者は成人A（21歳），その弟D（13歳），B（15歳），C（15歳）が中心である。

この一連の事件はDが父親の元を離れて兄Aの元に来たことから始まる。AとDの父母は離婚しており，Dは父に引き取られたが，父とうまくいかず，平成15年12月に兄Aのところに転居した。しかし，両親からは援助を一切受けられなかった。ところが兄Aは平成16年5月にアルバイトを解雇されるなどし，6月以降収入が激減し，生活費などに困窮していく。そこへ，家庭に居場所のないBやCが集まり，事件へと発展していくのである。

事件の特徴——ひったくりの延長としてのバット強盗

犯行時間は深夜に集中しており，ひったくりが頻発する場所で行われていること，犯行手口などから，本件はひったくりの延長と考えられた。またこの非行グループは多少の粗暴行動はあったものの，いわゆる暴力的な非行グループではなく，いわば傷をなめ合うようなグループと理解された。つまり，Dのみならず，B，Cともに家庭に問題を抱えており，家庭に居場所のない子どもたちの集団という印象が強いグループといえるだろう。

これらの考察から，この事件については，非行の形態からはコミュニケーションの問題を内包していること，また，家庭内での居場所のなさが問題になっていることなどが理解されたのである。

アンケート調査

「子どもの立場に立った教育推進委員会」ではこのような考察をもとに，平成17年3月に鶴ヶ島市内の中学生へのアンケート調査を実施し，この犯行において問題となった居場所のなさ，コミュニケーションの問題，などが一般の中学生にもみられるかどうかを検討してみた（村尾，2006）。この調査は，平成17年3月に鶴ヶ島市内の中学校（全5校）の各学年から1クラスを選び，そのクラス生徒を対象にアンケート用紙を配布して行ったもので，回収率81.3%，403名から回答を得た。

家庭が居場所になっていない中学生が相当数いるということ（「家庭はホッとする居場所か」いいえと回答21%）（村尾，2006）。さらに，ここにストレス状況を加味してみると，興味深い結果が出た。ストレスを抱えていない低ストレス群とストレスを抱えている高ストレス群に分けて，統計をとってみると，

家庭は居場所ではないと答えた者は,低ストレス群では12.0%であるのに対して,高ストレス群で40.0%に上ったのである（表1-1）。ストレスが高い子どもたちほど,家庭が居場所になっていないことが理解できよう（ここでいう居場所とは自分本来の姿が表現できる場と考えてよいだろう）。これは家庭にホッとできる居場所を作ることがいかに大切かということが示唆されたものといえよう。

また,コミュニケーションについても興味深い結果が出た。

例えば,友人から悪い誘いを受けたときに断れるか,という質問に対して,断れる（70.0%）,断れない（12.0%）,わからない（18.0%）という結果になった（表1-2）。すなわち「悪い誘い」を受けても,躊躇を感じたり断れない者があわせて30.0%もいるのである。そして,断れない理由を問うと,気持ちをはっ

表1-1　家庭が居場所かどうかをストレス群で比較

	低ストレス群		高ストレス群	
	人数	割合	人数	割合
家庭は居場所である	162	88.0%	18	60.0%
家庭は居場所ではない	22	12.0%	12	40.0%
合計	184	100.0%	30	100.0%

表1-2　友人から悪い誘いを受けたら断れるか

選択肢	1年	2年	3年	合計
断れる	97	89	97	283（70.0%）
断れない	16	19	12	47（12.0%）
わからない	26	30	16	72（18.0%）
無回答	0	1	0	1（0.0%）

表1-3　断れない理由（複数回答可）

選択肢	1年	2年	3年	合計
気持ちをはっきり言えない	10	5	5	20（28.0%）
断るのが怖い	8	5	3	16（23.0%）
人間関係悪化が嫌	12	8	7	27（38.0%）
その他	3	3	0	6（8.0%）
無回答	1	1	0	2（3.0%）

表1-1〜3　アンケート調査の結果（抜粋）（村尾,2006）
（注）表の中には筆者が報告書の結果を一部修正した部分がある。

きり言えない（28.0％），断るのが怖い（23.0％），人間関係悪化が嫌（38.0％）という結果になった。現代の子どもたちが人間関係を非常に気にすることが裏付けられたといえる。また，気持ちをはっきり言えない(28.0％)といったコミュニケーションの問題を抱えていることがわかる（表1-3）。

このように，一般の中学生においても，背景に居場所のなさの問題やコミュニケーションの問題を抱えていることが認められ，とりわけ，ストレスとの関連から，家庭が心地のよい居場所になっているかどうかが大きなファクターになることが考察された。これは問題行動の背景を考えるうえで重要な点だといえる。

ひきこもりと家庭内の居心地

ひきこもりやニートの青少年たちははたして家庭が心地よいから，家庭にひきこもっているかというと，必ずしもそうではない。

「ひきこもりの状態は必ずしも無気力を意味しない」「彼らは，やっても無駄だから動かないのではなく，動いた方がいいに決まっているからこそ，身動きが取れない」（斎藤，1998）という指摘がある。つまり，ひきこもりたくてひきこもっているのではない。そのひきこもっていることへの自己嫌悪がさらにひきこもりを助長するという悪循環を形成するのである。ひきこもっている青少年たちは，家庭が心地よい居場所になっていないといえるのではないだろうか。

5　現代の若者と自己愛

(1)　現代青少年の対人関係——非コミュニケーション型の非行と自己愛

筆者は現代の少年非行については，凶悪化という言葉ではなく，非コミュニケーション型非行の増加という表現を使う方が適切だと考えている。熊谷市のバット強盗事件で考察したように，現代の凶悪非行の内容をみると，加害者と被害者の間のコミュニケーションが切れていることが特徴であり，そもそも現代の若者はコミュニケーションそのものの問題を抱えているのである。

電話を使ったオレオレ詐欺や振り込め詐欺が話題になっているが，これらも見方を変えれば，現代人がコミュニケーションの問題を抱えているがゆえに，そのウイークポイントを巧妙についた犯罪ともいえよう。

パソコンやインターネットを用いた「ネット型非行」も同様である。

現代の非行や若者の問題行動の背景に共通する問題はコミュニケーション不全である。では，その背景には何があるのであろうか。筆者は，自己愛の問題が潜んでいると考えている。

(2) 自己愛と傷つきやすさ

　現代は少子化の時代といわれている。幼稚園の発表会などを見て痛感することだが，ステージ上の子どもたちは，親たちにとってまるでスターのようである。この状況は，場合によっては，うぬぼれの強い自己愛的な子どもたちを生みだしていく。

　自己愛にも健全な自己愛と不健全な自己愛がある。ここで問題になるのは，不健全な自己愛である。実力もないのにプライドだけが高い。実は自信もないのに，人を人とも思わない横柄な態度を取る。自分中心の勝手な論理で行動する。他人を思いやるような共感性に欠けている。こういう自己愛は不健全な自己愛といえるだろう。こういうナルシストが増えているという指摘がある。

　自己愛の強い子どもたちの特徴は何かというと，それは独特の「傷つきやすさ」（vulnerability）をもっていることである。そのため，対人関係で簡単に傷ついてしまう。

　彼らは往々にして尊大な態度を取るが，それは弱々しい真の自分の上に肥大した偽りの自分が乗っているからである。実際は，ちょっとした非難や批判にぐらぐらと揺れている。傷つきやすいのはそのためである。彼らが自分の意見を少しでもけなされるとひどく怒りを爆発させるのも同様である。このような自己愛傾向の強い人が起こす怒りの爆発をH.コフート（Kohut, H.）は「自己愛的激怒」（narcissistic rage）と呼んだ。

　なぜ，このような自己愛的な子どもになるのかというと，ひとつには親自身の自己中心的な態度が挙げられる。こういう親は自己満足のために，自分の願望や理想を子どもに一方的に押しつける。「一方的に」というところが問題である。これが悪しき自己愛を生むひとつの要因である。つまり，このような子どもたちは本当の自分を生きることができなくなる。親の道具にされ，偽りの自分を形成するのである。その結果，自分勝手で共感性の乏しい人格，脆弱で傷つきやすいナルシストを作り上げていくのである。

(3) 「キレる」ことと自己愛的激怒，傷つきやすさ

　最近の若者の「キレる」現象は，まさにこの自己愛的激怒のひとつの現れと

見てよい。実は彼らは対人関係で非常に傷つきやすいのである。彼らは傷つきを避けるために閉じこもる（ひきこもり）か，尊大な態度で自己を防衛する。後者は「キレる」ことや凶悪事件と関連する。

現代，若者の「ひきこもり」と「キレる」という，一見対照的な現象が問題になっているが，このような現象が起こる背景には不健全な自己愛が災いしていると考えられるのである。ひきこもりの若者がしばしば家庭内暴力を伴うのも，この自己愛的激怒を考えれば容易に理解できる。

筆者は深い人間関係の学習不足と自己愛の問題を指摘しながら，「キレる」ことと「ひきこもり」の共通の土台を論じてきた。

では，その共通の土台とはなにか。それは「傷つきやすさ」である。もっと正確に表現すると，「人間関係での傷つきやすさ」である。現代の青少年の最大の課題はこの自己愛的な傷つきやすさなのである。

6　少年非行の時代的推移──第二次世界大戦後の４つの波

最後に，第二次世界大戦後（以下，戦後という）の少年非行の移り変わりについて，整理しておきたい。

図1-2 を見ていただきたい。この図は少年刑法犯（交通事件を除く）の人口比の推移を示したものである。14歳から19歳までの少年1000人あたりの検挙人員を示している。

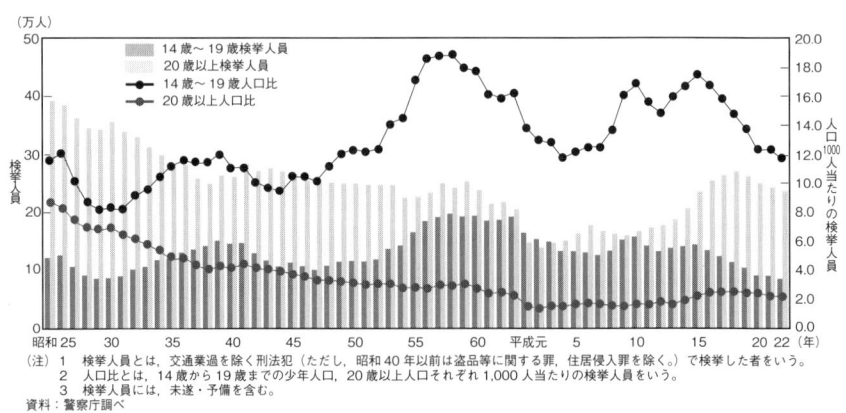

図1-2　刑法犯少年の検挙人員，人口比の推移（平成23年版子ども・若者白書）

この図を見ると，大きな波が4つ存在することが見て取れる。少年非行の歴史的推移について，廣井（2004，2008）を参考にしながら整理していくことにする。第1の波は昭和25年頃を頂点とする波。第2の波は昭和38年頃を頂点とする波。第3の波は昭和57年頃を頂点にする波。第4の波は平成15年頃を頂点にする波である。ただし，第4の波については2つの頂点があるのが特徴である。そのため5つの波として考察する者もいるが，ここでは4つの波として考えていくことにする。

第1の波
　第1の波は，戦後の混乱と復興を社会背景として，貧困や欠損家庭で育つ少年による窃盗などの財産犯を主流とした時期である。18，19歳の年長少年による非行の割合が高く，両親健在の家庭は半数以下で，その7割が低所得者層であった。

第2の波
　第2の波は，昭和35年の所得倍増論，昭和39年の東京オリンピック開催などに示されるように，高度経済成長に向かった時期である。第1次ベビーブームの16，17歳の少年による遊ぶための金銭窃盗や昭和32年の売春防止法制定後に性非行が多発した。昭和40年代には東大紛争に象徴されるように，大学生が既成の権威や権力に反抗した時代でもある。

第3の波
　第3の波は，石油ショックによる不況から始まり，昭和末期に生じたバブル経済まで急激な経済変動のあった時期である。物質文明による過剰にあふれた物を対象にして，スリルを求める万引きや原付バイクの無免許運転など，非行自体が遊びの目的化した「遊び型非行」と称される非行が，14，15歳の比較的年齢の低い少年を中心に増大した。また，昭和58年頃をピークとして中学校で校内暴力が頻発した戦後最大の少年非行の多発時期である。さらに昭和60年以降には，学校内における陰湿ないじめが社会問題になった。

第4の波
　第4の波はバブル経済が崩壊して以来，完全失業者率の増加，学生の就職難など先が見えない不況に陥り，急速な少子高齢化社会の到来などさまざまな面

で従来の価値観の転機を迫られている時期である。前述のように第4の波には2つのピークがあるのが特徴である。学校では平成8年頃から小学校の学級崩壊が問題となっている。平成9年の14歳の少年による神戸児童殺傷事件，平成12年には西鉄高速バスジャック刺殺事件など17歳前後の少年たちが社会を震撼させる凶悪重大事件を頻発させた。また，殺人や強盗など凶悪事件を起こした非行少年の多くが，過去に補導歴や非行歴がないという点で「いきなり型非行」とも称されている。集団非行としてはオヤジ狩りやホームレス暴行死事件など「狩り」と称したゲーム感覚での凶悪事件。また，インターネットや携帯電話の端末を使ってのいじめや犯罪など「ネット型非行」も問題になっているのは，本章ですでに述べてきたところである。

　このように少年非行は時代を映す鏡のようなものである。その時代時代に特徴的な非行が展開するのである。逆に言えば，少年非行を分析することによって，その時代の特徴が見えてくるとも言えよう。

文献

速水　洋（1993）．自己理論から見た自己の発達とヴァルネラビリティ　犯罪心理学研究　第31巻　第1号　pp.13-27.

速水　洋（1994）．コフートの自己心理学から見たナルシシズムと非行の理解　犯罪心理学研究　第31巻　第2号　pp.11-27.

廣井亮一（2004）．少年非行の時代的推移　村尾泰弘・廣井亮一（編）よくわかる司法福祉　pp.80-81.　ミネルヴァ書房

廣井亮一（2008）．現代非行の特質と移り変わり　村尾泰弘（編）Q&A少年非行を知るための基礎知識　pp.14-23.　明石書店

河合幹雄（2004）．安全神話崩壊のパラドックス　岩波書店

ハインツ・コフート（著）本城秀次・笠原　嘉（監訳）（1995）．自己の修復　みすず書房

小宮純一（2006）．行政の責務を放棄するな　さいたまの教育と文化　No.41　秋号　pp.70-77.　さいたま教育文化研究所

村尾泰弘（2006）．現代非行と熊谷市内路上金属バット襲撃事件　さいたまの教育と文化　No.41　秋号　pp.78-83.　さいたま教育文化研究所

中西信男（1987）．ナルシズム　講談社

中西信男（1991）．コフートの心理療法　ナカニシヤ出版

斎藤　環（1998）．社会的ひきこもり　PHP研究所

第2章

非行少年と非行性の理解
──被害者意識のパラドックス

I 非行少年の理解

1 少年非行をどのように理解するか

(1) 非行臨床の特殊性

　非行少年の処遇については古くからダブルロールという難しい問題が存在することが知られている（井上，1980）。簡単にまとめると，非行少年の対応においては，少年の行動規制を課す役割と，少年の自由意志を尊重するという2つの役割が求められ（ダブルロール），その相克に非行臨床に携わるものはしばしば困惑させられるというものである。非行臨床の難しさは，このダブルロールの問題につきるともいえる。
　それでは，なぜ非行臨床の領域ではこのような問題が生じるのだろうか。これは非行臨床の構造的な特質と関係している。
　まず，この臨床構造の特質に目を向けながら，非行少年への対応を考えてみたい。

(2) 非行少年──加害者でありながら被害者意識が強い少年たち

　少年たちの中には，再犯を繰り返し，罪の意識がほとんど深まらないように見えるものがいる。彼らはもちろん理屈のうえでは悪いことをしたという自覚はある。ではなぜ罪意識が深まらないのだろうか。2つ事例を紹介したい。

事例　少年E　14歳男子

　Eは13歳のときに激しい校内暴力を起こし，窃盗，シンナー吸引，恐喝などで警察に捕まり，家庭裁判所で試験観察（157ページ参照）に付されたが，いっこうに行動は改善されず，児童自立支援施設（162ページ参照）に送られた。しかし，そこでの生活は安定せず，1カ月に5回の無断外出を繰り返して浮浪生活を送り，バイク盗と無免許運転・物損事故を起こして捕まったのである。

　家族はE，母，姉の3人家族。父はEが4歳のときに仕事中に事故死をしている。母によれば，Eは幼少期からその場逃れの詭弁を弄するのが巧みで，裏表の激しい行動を繰り返してきた。Eは驚くほど嘘がうまいと母はいう。

　筆者はEと面接したが，Eは「僕は父親がいないことで，いじめられてきた」「僕はいつも運が悪い」「こんなこと（非行）をするようになったのは友達が悪かったからだ」などと自己弁護に終始し，自分を被害者の立場に置こうとする傾向が顕著であった。

事例　少年F　19歳男子

　Fは15歳のときに傷害，窃盗，放火などで家庭裁判所に事件送致され，その後，強盗強姦（未遂3件，既遂3件），強盗強姦致傷，強姦致傷などを起こして特別少年院を仮退院したものの，さらに強盗強姦，強姦致傷を起こした。

　Fの家族は母，兄3人，姉3人，妹の9人で生活。父親はFが就学する直前に蒸発して行方不明になった。母親はたくさんの子どもを抱え苦労を強いられてきた。

　Fは無口だが，短気で立腹しやすい。「友人に裏切られた」「人は信用できない」などと言い，対人不信感が強いことを示す。筆者との面接が深まるにつれて，Fは「自分は人とのかかわりを避けてきたが，本当はとても寂しがり屋である」と複雑な気持ちを訴え始めた。そして，「僕は友達との関係でも，いつも除け者にされる」「いつも僕はいじめられてきた」と述べ，被害感情が根深いことを示すに至った。

　以上2例を見ると，共通点があることに気づく。それは，双方とも被害者意識が強いということである。

　少年E，Fともに，罪を犯した加害者でありながら，気持ちのうえでは，あたかも自分が被害者のような立場に立っていることがわかる。彼らは理屈のうえでは悪いことをしたという自覚が一応はある。しかし，こころの中では「自

分は不幸である」「不運である」「不当な扱いをされている」といった被害者意識が根強く，生活や行動はむしろこのような被害者意識に左右されているために，罪悪感が深まらないのだと考えられるのである。

この「加害者でありながら被害者意識が強い」という逆説（パラドックス）は，非行少年一般に当てはまると考えられる。例えば，村松（1978）は，非行少年の被害者意識を取り上げ，この被害者意識が更生への障害になっていることを指摘している。非行少年の心理の理解とカウンセリングのポイントは，まさにこの「自らの被害者意識ゆえに罪悪感が深まらない」という点にあり，被害者意識に対する理解とケアが非行臨床の最も重要な点であると筆者は考えている。では，なぜ，このような問題が起きるのだろうか。その背景には，非行臨床特有の問題，すなわち行動化（アクティング・アウト）の問題が介在している。その問題を検討していくために，非行臨床の治療的アプローチと神経症者の治療を比較して考えてみたい。

(3) 行動化への対応と苦悩の理解——神経症との比較

神経症者も非行少年も内面に苦悩を抱えている点では同じである。ところが両者ではその苦悩の表れ方が異なっているのである。

例えば，K.フリードランダー（Friedlander,K.）によれば「神経症の少年たちは，超自我が異常に厳しく自己を攻撃して苦しむ。これに反して非行に走る少年たちは，超自我の欠陥のため，攻撃が外に向かって周囲の人たちを苦しめる」という（山根，1974を筆者が要約）。

神経症者は自らが苦しんでいくタイプ，つまり，自分を苦しめていくタイプだといえる。ところが，非行少年は周囲や他者を苦しめていくタイプと考えることができる。力の向く方向が逆である。非行少年たちは，苦悩の表れ方が外へと向かう。悩みを抱えるよりも，悩みを行動でまぎらわせようとするのであり，「悩みを抱えられない少年たち」（生島，1999）ともいえる。非行がしばしば行動化の病理といわれるのはそのことと関係している。しかし，非行少年も内面に苦悩を抱えていることを忘れてはならない。その苦悩を共感し理解していくことが，非行少年への支援の基本なのである。

さて，彼らのこころの中が被害者意識に満ちていること，これは彼らのこころが傷つき体験を繰り返してきたからだといえる。

法務総合研究所（2001）が少年院在院者について虐待等の調査を行った結果によると，50.3％の少年（男女）に身体的暴力や性的暴力（接触や性交），不

適切な保護態度のいずれかの虐待を繰り返し受けた経験があると報告されているのである（橋本，2004）。

2　被害者意識

(1)　被害者意識と行動化

　非行を繰り返す少年たちの胸の内には，親に虐待された，裏切られた，教師に不当に扱われた等の被害者意識が深く鬱積しているのである。このようなこころの傷に対しては，カウンセリング的な手法で対応することになる。しかし，非行少年たちは神経症者と違って，激しい行動化が伴う。
　例えば，カウンセリングによって，関心が自分の内面に向かい，自分の問題などへ目が向くようになると，非行少年たちは，その焦燥感，不快感などから，「一気にすかっとしたい」といった気持ちが生じ，非行行動に走ってしまうことが多い。結局は，問題行動や犯罪を繰り返し，せっかく治療者と少年の間にでき上がった信頼関係をすぐに壊してしまうのである。そのため内省は深まらないのである。この行動化に対する配慮が非行カウンセリングの大きな特色である。
　こう考えると，行動化に対する対応として行動規制を課す必要があることが改めて理解できるだろう。ところが，カウンセリング的な治療は本人の自由意志を尊重するのが原則である。これはある種の矛盾である。これが最初に述べたダブルロールの問題と呼ばれる問題の核心なのである。

(2)　被害者意識と被害体験

　ここで，被害者意識と被害体験の相違を確認しておく必要がある。
　被害者意識と被害体験は同じではない。被害者意識とは自分を被害者の立場に置こうとする心性であり，もちろん被害体験との関係はあるが，同じものではない。極端な例を挙げれば，被害体験は乏しくても，被害者意識が強いということも起こりうるのである。
　深刻な問題行動を繰り返す非行少年は深い被害体験を繰り返し受けてきた者が多いが，焦点を当てたいのは，その被害者意識の強さである。
　深いトラウマ体験を有するものが全員犯罪者になるわけではない。しかし，深刻な犯罪行為を繰り返す者の多くは，被害者意識が強い。
　問題はこの被害者意識なのである。そして，被害者の立場に置こうとする心

性を自覚させていくことが重要である。被害体験をカウンセリング的に受容するとともに，この被害者の立場に「逃げ込もうとする」姿勢に目を向けさせていくのである。これはある意味で，自分をどう認識するかというメタ認知を深めていくことでもある。

3 被害者意識と行動化への対応――自己決定の尊重

　筆者は，被害者意識と行動化の問題を扱ううえで，「自己決定の原則を貫かせる」ことが大きな意味を持つと考えている。
　激しい行動化は，具体的には，責任転嫁や他罰的な姿勢となって現れる。平易な言葉で表現すると，非行少年たちは言い訳に終始するのである。このような態度に適切に対応することが重要な課題となる。
　ここで事例を取り上げながら被害者意識と行動化への対応について検討を深めていきたい。

事例（校内暴力）　少年G　中学3年生男子
〈事例の概要〉
　この事例は学校内で担任教師に暴力を振るい傷害事件を起こした中学3年生男子Gの事例である。Gはつっぱりグループのボス的存在。体格はよいが自己表現が苦手で口数が少ない。自分たち（つっぱり）は教師から普通の生徒と差別されているという被害感を強く抱くようになり，教師に反抗。二度にわたって担任教師に暴力を振るった。
　Gの父母は離婚しており，家庭は母と次兄との3人暮らしだったが，本件をきっかけに名古屋から長兄が帰宅した。父は板前だったが仕事が続かず酒癖が悪かった。父は一度，いわゆる蒸発した後，夫婦関係をやり直したが結局離婚に至った。父は人前ではおとなしいが母にはわがままに振る舞っていた。板前としてのプライドは高い人物であった。母は昼間は寮の賄い婦をしながら，生活のために夜は酌婦のアルバイトをしていた（長兄が戻ってからは夜の仕事はやめている）。
　4週間の少年鑑別所生活の後，Gは試験観察決定（157ページ参照）を受けて自宅に帰った。その後，筆者が家庭裁判所調査官として，学校と連携しながら1週間に1度の割合でGと母親の面接を続けたのである。

〈面接過程〉

　この事例について，主として行動化をカウンセリング場面でどのように扱うかという視点と，カウンセラー（家裁調査官）が教師とどのように連携するかという視点で考察したい。

(1) 「転校したい」

　少年鑑別所から帰宅した後，当初，Ｇの生活は順調に滑り出したかに見えた。しかし，ちょうど3回目の面接のときに異変が起きた。Ｇが額に青々とした「剃り込み」（この事件当時，非行傾向のある少年たちは，額に剃り込みを入れることを好んでいた）を入れて現れ，筆者に「転校したい」と訴えたのである。理由を聞くと，自宅訪問にきた担任教師（本件の被害者）に対して，長兄が暴力を振るったのだという。その発端は，Ｇが長兄に，この事件は，少年が一方的に暴力を振るったような扱いになっているが，実際は担任教師も自分に暴力を振るっていたと訴えたことにある。それを聞いた長兄が立腹し，担任との口論の末，暴力に発展したのである。

　Ｇと母は「長兄まで担任教師に暴力を振るってしまった。バツが悪くて学校に行けない。他県の中学へ転校させたい。転校を認めてほしい」と訴えた。

(2) 行動化への対応

　このような場合，どうすべきであろうか。筆者にはＧも母もともにすでに転校することを決意していると思われた。しかし，Ｇの額には目にも鮮やかな「剃り込み」が入っており，そのような状態で転校すれば，転校先の学校で「不良」として扱われ，不適応を起こすリスクが高いと感じられた。

　結果として筆者は肝心なことは少年自身に決定させる「自己決定の原則」を貫くことにした。これがこのケースに対する一貫した姿勢となった。「自己決定の原則」を貫くことにした理由は，非行少年たちは言い訳の天才だからである。転校しろと言えば，転校先で不適応を起こした場合，それは筆者が転校しろと言ったからだと筆者のせいにするだろうし，逆に転校するなと言えば，現状でうまくいかなくなると，それは筆者が転校するなと言ったからだと訴えてくる。筆者はそのような苦い思いを再三経験してきた。いずれにせよ筆者のせいにするのである。したがって，非行カウンセリングの基本はあくまで自己決定の原則を貫き，それでうまくいけば励まし，うまくいかなければ，その責任を自分のものとして考えさせることに尽きると考えるに至った。

　筆者は少年に「転校するかしないかは君が自分で考えることだ。ただし，その剃り込みのままでは，最初から不良として目をつけられることになる。だか

ら，その剃り込みが生えそろうまで待って，その間ゆっくり考えたらどうだろうか」と話し，「剃り込み」というものを治療的に利用する方策をとった。

　その後，生徒指導担当のQ教諭からもどうすればよいだろうかと問い合わせがあった。筆者は同じことを答えた。

　Gと母は転校することに決めたようだった。母親は，離婚した夫（Gの父親）の妹が少年の受け入れに協力的であることから，某県にあるこの父の妹宅にGを預けることにしたという。母とGは同宅への訪問も行ったが，同宅での受け入れの感触もよかったといい，転校の準備を着々と行った。一方，Q教諭の尽力で学校側はGのために転校に向けて特別カリキュラムを組んだ。Gを他の生徒と分け，Gが登校すると手の空いた教員が個別対応するということになった。このようにしてGの生活は転校に向けて流れ出した。またGはQ教諭を受け入れ，Q教諭に何でもしゃべれると述べるようになった。まさに転校する方向で家庭も学校も動き始めたのである。

(3)　「転校しない」（少年の決意）

　ところが，それほどうまく事は運ばなかった。突然Gの「転校の気持ち」が揺らぎ始めたのである。その理由について，少年はQ教諭に「R子という女生徒が好きになったからだ」と打ち明けた。Gにとって恋愛は初めての経験であり，Q教諭と真面目に恋心について語り合うようになった。

　Gは転校するかどうかで気持ちが揺れ，そのために素行が乱れ始めた。Q教諭は「せっかくよくなってきたのに他の教師に悪い印象を与えている」と悔しそうに筆者に語った。この時点で，すでにQ教諭は少年の側に立って保護的な姿勢を取り始めていることがうかがわれた。そして，少年と学校の間の，いわば板挟みになって，ひどく苦しい状況にあるのではないかと推測された。そんな中で，Q教諭は「転校させた方が少年のためになるのではないか」「転校するように（筆者から）指導してもらえないか」と求めたが，筆者は「Q先生が苦しい立場にあることはよくわかります。しかし，転校するかどうかは少年と親が決めることです。とにかく剃り込みが生えるまで待ちましょう」と繰り返した。そうこうするうちに，ついに教頭とQ教諭は家裁に来所し，「一触即発の危険な状況である。今度問題を起こせば少年院に送られるかもしれない。そうなるくらいなら転校させる方がよいと思う。なんとかGに転校するように勧めていただきたい」と筆者に必死の態度で懇願した。しかし，筆者は「それはGと親が決めること。剃り込みが生えるまで待ちましょう」とあくまで態度を変えなかった。数日後，職場で母親が倒れ救急車で運ばれた。大事には至らな

かったが，後日母親は「転校しないのではないかと考えると，あの子のことが心配で心配でたまらない。そう思うと心臓が締め上げられるようになった。つらくて親子心中をしようかとまで考えた。しかし，もうあの子を信じるしかない」と語った。つらそうな母の顔が印象的であった。

そんな中，Ｇは「転校しない」ときっぱりと決意したのだった。

(4) 父からの電話（こころの傷への手当て）

Ｇが転校しないということになり，学校は特別カリキュラムをやめることになった。そんな中，衝撃的な事件が起こった。連絡を絶っていた父親から突然電話があったのだという。夜８時頃母親が電話に出たところ，父親の声だったのでひどく驚いた。父は酔っており，母が「なぜ酔って電話を掛けてくるのか」と聞くと，「みんなに悪いから酔ってないと電話できないのだ」と返答したという。父親は，離婚してしばらくは子どもの誕生日などにプレゼントなどを送ってきたり電話を掛けてきたりしたが，その後電話もなくなり，今回の電話は３年ぶりくらいだという。父親は，妹からＧの状況を聞き，心配になって電話してきたのだった。Ｇは最初，電話に出ても話すことはないなどと言って電話に出ようとしなかったが，結局は電話に出て，父親と話をした。

筆者は，この電話をきっかけに，父親に対する気持ちなどをＧに尋ねた。Ｇは，基本的には父親を憎んではいなかった。父が自分のことを心配してくれていたということを喜んでいた。この電話をきっかけに，その後も，父親や家族についての気持ちなどが語られるようになり，面接は一段も二段も深まりを見せた。父親は，生活態度には問題はあったが，子煩悩な人物でＧを大変可愛がっており，Ｇも父から可愛がられた記憶を大事に温めていたことがわかった。しかし，その一方で，父から捨てられたという思いや，父がいないことで，周囲からいじめられたり，肩身の狭い思いをしたこと，また，母が大変，苦労をして自分たちを育ててくれたこと，実は，母親のそういう苦労に感謝していることなどが，その後，語られるようになる。このようにＧとの面接は，彼の心的外傷体験への手当てへと展開していった。

その後Ｇの生活は順調だった。校内リレー大会では大活躍した。

このようにして，Ｇは生活を立て直し，無事卒業していったのである。

Ｇは「僕は先生たちから差別されていると思っていつも頭にきていたけど，Ｑ先生みたいに僕のことを考えてくれる先生もいることがわかって少し考えが変わってきた。先生（筆者）にもいろんなことを聞いてもらって嬉しかった。今では先生（担任）に暴力を振るったのは悪かったと思えるようになった」と

述べた。

面接を終了するに当たって，筆者がGに，一番つらかったのはいつだったかと尋ねたところ，Gは「転校するかどうか迷っていたときが一番つらかった。でも，転校しなくてよかった」と述べたのが印象的であった。

(5) 「自己決定の原則」と「剃り込み」の利用

まずこのケースで筆者が留意したことは，転校問題に対する対応であった。つまり，Gと母親が転校を言い出したときに，「転校するしないは自分が決めること」（自己決定）とうながしながら，「（その決定を）剃り込みが生えるまで待つように」との姿勢をとったことである。髪の毛が伸びる速度は非常にゆっくりしており，またその速度は誰もコントロールできないところに意味があったと考えられる。その時間を利用できたのが幸運であった。

(6) 父親からの電話とトラウマへの手当て

次に父親からの電話への対応が大きな意味をもったと考えられる。カウンセリング過程の中では，まったく予想外のことがしばしば起こってくる。このケースでは，それは父親からの電話であった。この予期せぬ電話はケースに大きな動きをもたらした。この電話を契機に，父への思い，母への思いなど，G少年のこころの奥の思いが語られるようになる。これは結果として，彼のトラウマ（父に捨てられたという思い）への手当てへと展開していった。

(7) 非行カウンセリングの二層性について

前述のように，非行少年の罪悪感がなぜ深まらないかについては筆者は彼らが加害者でありながら気持ちはあくまで被害者であるからだと考えている。彼らは罪を犯した加害者でありながら，気持ちの中では「自分は世間から不当に扱われている」「親や学校から不当に扱われている」といった被害者意識が充満しているのである。彼らが立ち直るには真に加害者意識を自覚できなければならない。したがって非行指導のポイントは，被害者意識の核となるこころの傷を癒す側面と，罪意識を自覚させる側面の二層構造にならざるを得ない。これについては，こころの傷を癒す行為には，いわゆる一般的なカウンセリングの手法が対応し，安易な行動化を阻止し，加害者意識を自覚させる行為に対しては，行動レベルでの自己決定を重視するカウンセリングが対応する。

(8) 加害者意識に焦点を当てるカウンセリング

藤岡（2001）は「被虐待体験と非行との関係を論じた文章が散見されるようになった」が，「非行少年の被害者としての側面にのみ焦点があてられ，加害者としての側面への光の当て方が十分でないように感じられる」と指摘し，「非

行少年の理解とそれにもとづく犯罪行動変化への働きかけは，彼らの加害者としての側面を取り上げることなしでは，効果が半減する」と述べている。

これは被害体験のみに焦点を当てても効果が乏しく，加害者としての側面にも焦点を当てなければならないという指摘と考えることができる。

こころの傷を癒すカウンセリングは，思いや気持ち，考えなどを傾聴し共感することが中心になる。これに対して，加害者としての側面に焦点を当て，責任の自覚を促すカウンセリングは行動レベルに焦点を合わせたカウンセリングになる。生活の中において，主体的に自分の行動を選択できるようにカウンセリングを行う。これは「自己決定」という視点を重視することでもある。そして，その行動の結果を自分の責任として内省させるのである。

このような自己決定を選択させるうえで重要なものは，ある種の権威である。行動化しがちな非行少年に対しては，心理的に圧力をかけ，無思慮な行動を制限するような，いわば外側から枠を与えることが必要になってくる。ただ，ここで筆者が強調しておきたいのは，権威の必要性を主張するのは非行少年たちの反抗を抑圧するためではないということである。少年たちの気持ちを内面に向けさせる，すなわち内省的な態度で自己決定をさせ，さらにその行為の結果を自らのものとして受けとめさせるうえで，権威の導入が必要なのだと主張したいのである。その意味で，筆者とＱ教諭は家庭裁判所の権威というものを最大限に利用し，それをカウンセリングや指導に生かそうと努めたといえる。

また，筆者とＱ教諭の連携について分析すると，家裁と学校が父性的立場と母性的立場を分担したとも考えられる。この連携においては家裁側である筆者は主として父性的な立場を取るように努めた。そのように分担することで，学校側であるＱ教諭は母性的な指導に専念でき，Ｇとの信頼関係を深めることができたように思われる。

(9) 問題解決の器（うつわ）——新しいコミュニケーション・システム

さて本ケースをさらに分析すると，次のような構図が形成されたといえる。すなわちＱ教諭はＧとともに考え悩み，その結果の判断を家裁に求めてくる，家裁はＧの意志を尊重しながら「自己決定の原則」に則って，それをＧに考えさせる。これを繰り返したということである。これは言葉を換えれば「問題解決の器（構造）」，家族システム論的観点からすれば新しいコミュニケーション・システムが構築されたともいえる。カウンセリング過程においては，我々はクライエントから話される個々の話題にどのように対応するかということに気持ちが終始しがちである。しかし，それと同等，もしくはそれ以上に，このよう

な問題解決の器自体を築き上げていく作業が重要であることをこのケースは示唆している。

4 非行臨床の鍵——逆説には逆説を

　本章では，非行臨床の難しさの原因を，非行少年の行動化にあると考えた。そして，彼らが行動化を繰り返し，内省が深まらない原因は，非行少年たちは加害者であるにもかかわらず被害者意識が強いためだと考えた。そして，少年の自己決定を重んじる家族システムを構築できるかどうかが大きなポイントになると論じた。

　このことは次のように考えることもできるのではないだろうか。

　非行少年たちは「加害者であるにもかかわらず被害者意識が強い」という，いわば逆説的な存在である。一方，対応はどうかというと，「行動規制を課しつつも，自己決定を重んじる」ということになり，逆説性をはらんでいることがわかる。つまり，非行少年たちは「加害者であるにもかかわらず被害者意識が強い」という，逆説的な存在であるからこそ，この逆説的存在に対する治療的対応もまた，「行動規制を課しつつも，自己決定を重んじる」という逆説的なものにならざるを得ないのではないか。

　ここに非行臨床の難しさがあり，それは同時に臨床家にとって，臨床活動を行ううえでの妙味となるのである。

II 非行性の理解と対応

1 非行性をどのように考えるか

　非行少年の処遇を考える際，非行性をどのように理解するかが大きな問題となる。この非行性を考える前に，なぜ非行少年たちが非行に走るのかについて考えてみたい。

　例えば，水島（1971）は，非行心理・社会ダイナミックスを「感染性」と「不適応性」の二元的に分けて捉えている。感染性非行と不適応性非行の考え方は従来から非行臨床家にとって一般的なものになっている。

　感染性非行とは，簡単にいうと，朱に交われば赤くなるという考え方である。非行集団や非行文化に同化したり，影響を受けたりして，非行をするようになるというものである。

　もうひとつは，不適応性非行である。こころの中にあるフラストレーションや葛藤などの補償として非行が生じるという考え方である。

　非行全般を見渡すと，水島も指摘するように，不適応性非行と感染性非行の「混合型」が多数を占める（水島・宮崎・屋久，1971）と考えられる。つまり多くの非行は「感染性非行」と「不適応性非行」に厳密に区別できるものではなく，混じり合っていると考えられ，いずれの比重が大きいかは大きな意味を持つといえる。

2 非行深度と自我状態

　それでは具体的に非行性を考えるうえで，重要な視点を与えてくれるものとして，安倍淳吉の非行深度論を紹介したい。

　安倍（1978）は，非行者の生活空間の中心が非行とのかかわりの中で，保護領域から反社会集団へと移行していく段階を4段階に分け，非行深度として示した。青年期における非行深度の概略を次に示す。

深度I（アマチュア段階）
　保護領域内で非行が発生し，この領域内に非行がとどまり，この領域を中心

にした統制によって非行が阻止できる段階。家庭，学校，近隣を中心とする生活集団の中に問題を持ち，非行準備性が近隣保護社会の中で解発され，行動化される非行段階。

家財持ち出し，学校内での寸借詐欺，近隣での万引き，自転車盗などがこの段階に相当すると考えられる。

深度Ⅱ（プロ・アマ段階）

非行者の生活空間の中心が保護領域や近隣集団から離れ，非行集団内に移行しつつあるが，まだ基本的には保護領域に依存している段階。やや手口が専門化し，被害者は加害者の住居地域外の場所や職場，盛り場など保護領域を越えるようになる。しかし，犯罪に対する職業（稼業）意識やそれへの展望は存在しない。

盛り場や居住地域以外での万引き，スリ，恐喝，夜盗などが代表例である。この段階では吹きだまり非行集団が生じやすく，独特の文化的規範や反風俗的慣習や雰囲気を形成していく。

深度Ⅲ（アマ・プロ段階）

非行者の生活空間の中心が保護領域から離れて不良集団内に移行した段階。しかし，まだ非行が職業化はしておらず，当該不良集団も，職業的犯行集団（ヤクザ等）の周辺部にあるような段階。プロとの接触を持ち，伝統的手口が学習される。

深度Ⅳ（プロ段階）

非行が職業化し手口が専門化する段階。家庭など保護領域とは，ほとんど絶縁し，家庭からの離脱は長期間に及ぶようになる。成人の支配する反社会的組織のメンバーになり，手口が専門的で，犯罪を計画的に行い，発覚防止にも入念な措置をするようになる。

少年，すなわち成人前の段階にあっては，基本的に深度Ⅳの準備段階にとどまり，深度Ⅳのものはきわめて少ないと考えられる。

この安倍の非行深度論は保護領域と反社会集団を対極とする，比較的単純な尺度を設定しているため，非行深度を具体的に明確に把握しやすく，実務的に高い有効性を持つと考えられる。

ただ，筆者としては，フラストレーションや葛藤など，非行少年の内的状態をもっと考えたいところから，この非行深度論に自我の安定度を加味して，非行性を診断している。

これは，非行深度と自我の安定度という2つの軸で非行性を検討するもので，いわば「非行性の二次元的理解」である。

3　非行性の二次元的理解の試み

非行には感染性非行と不適応性非行の考え方があることはすでに述べた。

本節では，感染性非行と不適応性非行を把握する尺度を提案し，非行性を「安倍の非行深度（感染性非行）」と「自我の安定度（不適応性非行）」の2つの軸（変数）の関数として理解することを試みたい。

非行深度が浅い場合であっても，自我が非常に不安定な場合は，非行の再犯危険性は高くなり，早急に手当てが必要となる。一方，自我が比較的安定していても，非行深度が深まれば，非行が日常生活に深く入り込んでくるため再犯危険性はやはり高くなる。両者では，非行に対する手当ての内容に大きな違いが出てくるため，非行性を2軸で捉える尺度は実務的にも役立つものとなるだろう。

自我の安定度

「安倍の非行尺度」は前述のように4つの深度に分けられる。また自我状態は「比較的安定」と「不安定」に分類し，「不安定」をさらに反抗形態によって2つに分類してみた。すなわち「エディプス的反抗」と「前エディプス的反抗」である。

非行少年の反抗にも，理由のある反抗と理由のない反抗があることは理解できるだろう。前者は自分たちを圧迫する者などへのいわば筋の通った反抗である。かろうじて「理屈」が存在し，（理屈が正しいかどうかは別として）反抗に大義のようなものがある場合である。これに対して後者は，感情にまかせて反抗しているだけで理屈はなく，何のために怒っているのか不明瞭で，しばしば自分でも何に怒りをぶつけているか無自覚な場合もある。

福島（1980）は，反抗の形態を合目的的・論理的なもの（エディプス的反抗）と，没目的的・非論理的なもの（前エディプス的反抗）に分けて考察することの有効性を指摘した。簡単にいえば，筋の通った反抗が「エディプス的反抗」であ

り，たとえ筋が間違っていようと理屈らしきものが存在する場合である。これに対して，筋も理屈もない反抗が「前エディプス的反抗」である。福島によれば，青年期におけるエディプス的反抗は一定の論理性と目標指向性を持つが，これに対して，前エディプス的反抗は，母子関係という二者関係の中に，父親というロゴス機能が侵入することがないままに生じているものであり，没目的的・非論理的な反抗となるという。反抗の理由が定かでなく，どういうことをしてもらいたくて暴れているのかわからず，親や教師たちは，話が通じなくて困るような場合が多い。したがって，言葉による「訓戒」や「説諭」はほとんど有効ではなく，むしろ逆効果になってしまう。

　筆者がなぜこのような反抗形態を持ち出したかといえば，実務に資することを第一の眼目としているからである。この考え方を導入することで，非行臨床や学校教育の現場など，実務の場で，簡便に非行性の理解についての目安をつけることができることを最大の目的とした。その理由から，自我の不安定な場合を「訓戒」「注意」などの「言葉による指導」が有効な状態かどうか，すなわちエディプス的反抗・前エディプス的反抗のいずれにあたるかで分類しようと考えたのである。

　福島は，前エディプス的反抗について，「彼らの反抗の意味するものを理解するためには，彼らの言葉にたよるのでは不十分であり，むしろ彼らの中に言葉を育てていくとでもいうような作業が必要」と指摘しており，教育現場などでは専門機関との連携が望ましくなる。

　自我状態によって必要とされる対応が異なるのならば，自我状態を把握・理解できるようにしたいと考え，この考え方を導入したのである。

　筆者は具体的には，次のような視点で前エディプス的反抗かエディプス的反抗であるかどうかを診断している。

(1) 少年たちの反抗や訴えが，論理性や目的性を備えているか
(2) 何をしてもらいたくて反抗しているのかを自覚しているか
(3) 反抗の理由が明確か

などという視点とともに，次のような独特の防衛機制が認められるか否かも診断の重要なポイントとなる。つまり，

(4) 依存する教師などへの甘えの態度と攻撃対象となる教師などへの態度とが著しく対照的となっていないか，同一人物に対して，強い依存と強い攻撃というアンバランスが認められないか（分割splittingの機制）
(5) 対面中，一方的に，理解に苦しむような攻撃を向けてこないか（投影同

一化 (projective identification)
などである。このような分割や投影同一化などの原始的防衛機制が顕著に認められる場合は前エディプス的反抗と考えられる。

4　二次元的非行性理解の実際

　横軸に非行深度をとり，縦軸に自我の安定度（さらに反抗概念で分類）をとって図示したものが表2-1である。二次元の座標によって，非行性を理解すると，右に位置づけられるほど非行深度・非行感染度は深まり，非行が生活化し，手口が専門化するとともに犯罪肯定的な価値観が強固となる。一方，上部に位置づけられるほど自我は不安定となり，精神医学的・心理学的な治療の必要性が高まる。
　二次元的非行性理解をもとに，具体例をみてみよう。非行深度Ｉｃすなわち，非行深度はＩだが，自我がきわめて不安定なものについては，重篤な心理的問題を有する家庭内暴力が代表例である。次に，自我がきわめて不安定な非行深度Ⅱのもの，すなわち非行深度Ⅱｃについては，重篤な心理的問題を有する校内暴力が代表例である。また，単独吸入型のシンナー常習少年もＩｃないしⅡｃに相当する場合が少なくないと考えられる。

5　事例による二次元的非行性理解の検討

　それでは，実際の事例に当てはめて，この二次元的非行性理解の方法を検討してみたい。

深度Ｉｃ（自我がきわめて不安定な深度Ｉ）
少年Ｈ　15歳（男子）
　〈非行前歴〉家裁は初回係属
　〈非行内容〉ぐ犯（家庭内暴力）
　中３頃から友人Ｓの影響で喫煙が始まり，Ｓの無免許運転する原付の後部に同乗したりするようになった。非社交的であったために，友人もＳに限定的だった。中学卒業後，定時制高校に進学するとともに自動車修理工場に就職したが，高校は５月に「不良が多くて恐ろしい」と中退。職場も８月に辞めた。元来，わがままで自分の思い通りにならないと母に暴言を吐いてわがままを押し通し

表 2-1　二次元的非行性理解

（自我状態）		非行深度			
自我は不安定	前エディプス的反抗	Ⅰc	Ⅱc	Ⅲc	Ⅳc
	エディプス的反抗	Ⅰb	Ⅱb	Ⅲb	Ⅳb
	自我は比較的安定	Ⅰa	Ⅱa	Ⅲa	Ⅳa
	（非行深度）	Ⅰ	Ⅱ	Ⅲ	Ⅳ

ていたが，職場を辞めてからは，一層，家族への傍若無人さが激しくなり，思い通りにならないと，カッター・ナイフや果物ナイフ，バット等を使って「殺すぞ」と母や兄を威嚇してまでもわがままを押し通し，家財の持ち出しを繰り返すようになった。

〈家族〉

実母（59歳，パート就労の清掃作業員），異父姉（34歳，会社員，大学中退），異父兄（31歳，内職，拒食症）。実父は少年1歳時に死亡。姉と兄は母の連れ子。

〈面接結果〉

少年鑑別所での面接では，少年は「お母さんに会いたい」と泣き出し，「食事が喉を通らない」と訴えた。一方，母は少年の暴力を必要以上に脅えているような印象を受けた。そのような脅えた姿が，少年をますます刺激し，暴力をますます増長させていると思われた。少年の友人はSなどに限定されている。Sから喫煙や無免許運転を教わったという。対人関係は希薄で孤立している。家庭外では気が弱いために自己主張できない。

少年鑑別所では，母に迷惑をかけたことを謝罪し続け，審判で在宅試験観察となって家に戻ったが，いったん家に戻ると，すぐに家庭内暴力が再燃した。

母への態度は強い依存と激しい憎悪が入り交じっており，べったり甘えるかと思えば，自分の要求が受け入れてもらえないと激怒し，暴れ回った。

〈非行性の理解〉

非行は家庭内暴力と原付の無免許運転に限定されている。友人Sは高校生であり，非行が進んでいる者ではない。いわゆる非行集団と関係があるわけではなく，非行文化が浸透してはいない。非行深度はⅠと考えられる。

問題は自我の不安定さである。少年鑑別所で泣き通しであったことからも示されるように，情緒の統合性は非常に低い。母に対する訴えは利那的であり，暴力や反抗合目的的ではない。その場その場の気分で行動しており，要求が受

け入れられないと感情が爆発する。母へは強い依存と激しい憎悪を繰り返しており，アンビバレントな感情が激しく，その激しさから分割（splitting）の防衛機制も疑われる。家族以外との対人関係がほとんど持てないのも特徴的である。反抗形態は前エディプス的と考えられる。

非行深度Ⅱｂ（自我が不安定な深度Ⅱ）

　自我は不安定だが，反抗形態のレベルがエディプス的な反抗形態であるケースを検討したい。

少年Ⅰ（17歳，ボーリング工）

〈非行前歴〉窃盗２回，原付の無免許運転２回の家裁係属歴が認められる。

〈非行内容〉（暴走・障害）

　少年は暴走族の総隊長。対抗する暴走族グループつぶしの目的で集合し，自動二輪車を無免許運転して暴走。対抗グループと間違えて一般車両を金属バットや木刀で襲撃，怪我を負わせたもの。

〈家族〉

　実母（40歳，会社員）との２人暮らし。同胞はいない。

〈面接結果〉

　少年は中学校卒業後，高校に進学せず，転職を重ね，徒食時代もあったが，半年くらい前から，ボーリング工の仕事に就いた。性格はわがままで，自分本位の価値観を押し通そうとする。１年くらい前から暴走族のアタマ（リーダー）となった。

　母子の心理的な密着が強いが，中学校時代から母の支配的な姿勢を重荷に感じるようになり，ひいては教師など，自分に対して権威的な威圧する者に対し徹底的に反発するようになった。いわゆるつっぱりの強がった態度を押し通し，弁舌もたつことから，次第に暴走族の中でも目立つ存在になっていった。しかし，内面は非常に脆く，弱い内面を「自分はシンナーのような悪いことはしない。自分のやっていることはたいして悪いことではない」と自分本位の価値観を強調して支えたり，あるいは，仲間集団に囲まれることで自分の弱さを埋め合わせてきたと考えられ，そのことは，少年鑑別所に入ってその支えが崩れると，一気に弱さが露呈したことからもうかがわれた。少年鑑別所の中では，暴走族のリーダーとも思えないような弱々しい態度を露わにし，面接中，涙を見せることも多かった。

〈非行性の理解〉

暴走族のリーダーであり、間接的に暴力団ともつながっていることがうかがわれた。シンナー遊びはしないと述べていたが、窃盗や傷害に対する安易な姿勢が認められる。非行深度はⅡないしⅢと考えられる。

自我状態については、かなり不安定で、情緒の統合性も悪い。しかし、少年Hとは様相が異なっていることが理解される。まず、権威的なものに徹底して反抗するという、いわば、反抗に一貫性が認められる。また、「シンナーはやらない」と強調するように一定の規範性を備えていることである。

6 二次元的非行性理解による処遇の検討

最後に、この二次元的非行性理解から導かれる処遇について若干述べておきたい。

非行深度が深まるにつれて、反社会的な価値観が定着してくると考えられるので、この非行深度の深まりに対応する処遇は、犯罪肯定的な価値観の是正が中心課題となる。一方、自我の不安定度が高い者の処遇は、自我機能の回復が中心課題となる。これには精神医学的・心理学的な治療の必要性が指摘される。そしてこの場合、反抗（訴え）が前エディプス的かエディプス的かで言語による訓戒・説諭が効果があるか否かの見通しがつく。すなわち、自我機能の回復の必要性と犯罪肯定的価値観の是正の必要性から処遇を検討するのであり、さらに詳しく述べると、どちらがどのくらい必要かという観点から処遇を検討することになるのである。

前述したように、実際には不適応性非行と感染性非行の「混合型」が多数を占めると考えられ、このような場合、不適応性非行と感染性非行の混合の割合が処遇を考えるうえで重要であるといえよう。

その意味で、非行深度（感染性非行に対応）と自我安定度（不適応性非行に対応）の2つの軸の関係として非行性を理解し、その割合をつかむことは、処遇を考えるうえで有効である。

今、少年には何が必要なのか。まず価値観の是正が優先されるのか。それとも、自我機能の回復が優先されなければならないのか。訓戒や注意が有効なのか。このような具体的な処遇目標を設定する際、二次元的非行性理解によって、自我機能の回復の必要性と犯罪肯定的価値観の是正の必要性の双方を量的に把握することは、実務上かなり有効なのではないかと考えられる。なお、この二次元的非行性理解の詳細については村尾（1994）を参照されたい。

文献

安倍淳吉（1978）．犯罪の社会心理学　新曜社
藤岡淳子（2001）．非行少年の加害と被害　pp.161-206．誠信書房
福島　章(1980)．反抗の心理　大原健士郎・岡堂哲雄(編)講座異常心理学3　思春期・青年期の異常心理　pp.116-127．新曜社
W.グラッサー（著）真行寺功（訳）（1975）．現実療法　サイマル出版会
橋本和明（2004）．虐待と非行臨床　pp.11-15．創元社
林　道義（1996）．父性の復権　中央公論社
法務総合研究所（2001）．法務総合研究所研究部報告11　児童虐待に関する研究（第1報告）
井上公大（1980）．非行臨床　pp.147-148．創元社
水島恵一（1971）．増補　非行臨床心理学　新書館
水島恵一・宮崎　清・屋久孝夫（1971）．非行診断スケール（DSP）の作成と検討　科学警察研究所報告防災編　12（1）　pp.70-76．
村松　励（1978）．被害者意識について　対象者理解の方法概念として　調研紀要　33　pp.45-55．家庭裁判所調査官研修所
村尾泰弘（1994）．非行性の二次元的理解の試み　安倍淳吉ほかの理論を援用して　犯罪心理学研究　vol.32　No.1　pp.15-18
生島　浩（1999）．悩みを抱えられない少年たち　日本評論社
山根清道（1974）．犯罪心理学　p.12．新曜社

第3章

非行臨床の方法

I　カウンセリングと家族療法，ナラティヴ・セラピー

1　非行カウンセリング――受容するということ

非行臨床と受容

　カウンセリングにおいては，傾聴や共感，受容といったことが大切であるといわれる。では，非行臨床の具体的場面ではどのように対応することになるのであろうか。まず，受容ということを取り上げ，具体的な事例をみながら考えていきたい。

事例　中学2年生男子「親父を殺してやりたい」(1)

　この少年は学校内で暴力的な言動を繰り返している少年である。担任教師に威嚇的な態度をとり，親との関係も悪い。父親は激高しやすい性格で，少年に対して体罰で対応してきた。母親は小心でおろおろするばかりの人物である。
　筆者が少年と面接した際，この少年は「あの親父を殺してやりたい」と吐き捨てるように言った。

　さて，この少年の「親父を殺してやりたい」という発言を受容するとはどのようなことなのだろうか。常識的に考えても，父親殺しを勧めることが受容ではないことは明らかである。では，どのように考えればよいのだろうか。ここ

には非行カウンセリングの本質的な内容がかかわっている。

受容に関して，伊東（1966）は「選択的な，評価的な態度——『あなたはこういう点ではよいが，こういう点では悪い』というような——とは正反対のものである」と説明している。

我々は，受容とは評価を入れずに共感することだと考えている。評価を入れないとは，「良い・悪い」の判断を持ち込まないということである。ここが教師の対応と根本的に異なるところであろう。

「親父を殺す」。このことはよくないことに決まっている。だから，教師であれば，この少年が父親を殺さないようにアドバイスすることを考えるかもしれない。

「君がお父さんを憎んでいることはわかる。でも，殺すのはよくない。もっと違う形で，お父さんとどのようにかかわっていけばよいか，ここで話し合いをしよう」

この対応もきわめて教師的な対応である。教師はものごとの善悪を教えることがひとつの主要な仕事であろう。この対応は，「父親を殺すことがよくないことであること」を自覚させ，よりよい形で父親とかかわる方法について一緒に考えていこうとしているからである。

筆者の考えるカウンセリングでは，このような展開はしない。「親父を殺す」ということが「良いこと」か「悪いことか」という「良い・悪い」の次元で捉えることをまず一時的に棚上げするのである。「良い・悪い」の次元で考えることをいわば網棚の上にのせ，この少年がどのような気持ちであるか，そのありのままの気持ちを共感していこうとする。これが我々の考える受容である。

では，具体的にどのような対応になるかというと，「そんなことを考えるくらい，君はお父さんが憎いんだね」「初めてそんなことを考えたのはいつ？」「そのときどんなことがあったの？」

このように「親父を殺したい」と述べるに至ったその背景の苦悩を理解していくのである。つまり，「親父を殺したい」という言葉を発するには，その背景に，この少年固有の苦悩があると考える。この少年は自分の苦悩を私に伝えるために「親父を殺してやりたい」という表現をとっている（図3-1参照）と考え，苦悩そのものを共感的に理解していくのである。そうすれば，少年は「親父を殺してやりたい」などという表現をとらなくてすむようになる。そのような表現をとらなくても自分の苦悩を理解してもらえるからである。そして，この少年は自分の本来的な苦悩に直面していくことになる。その苦悩に直面していくことを支えるのが，筆者の考える非行カウンセリングなのである。

> 根本的な苦悩→「親父を殺してやりたい」（根本的な苦悩のひとつの表現）

図 3-1　非行臨床と受容

事例　中学２年生男子「親父を殺してやりたい」(2)　苦悩の理解

　この少年と面接を深めていくうちに，少年と父親との関係が明らかになってきた。父親は暴力的ではあるが，子煩悩なところもあったという。しかし，小学校高学年になった頃から，少年野球を続けるかどうかで父親と決定的な対立となった。

　少年は「父親は自分の言い分をまったく聞いてくれない。頭ごなしに続けろとばかり言った」「（小学校６年生のとき）友達を殴ったとき，理由があったのに，一切，事情を聴いてくれなかった」そんな父親に「（自分を）もっとわかってほしい」「もっと優しくしてほしい」と語ったのである。

　この少年の苦悩は「父親にもっと自分を理解してほしい」「もっと愛してほしい」でも，「それがうまくいかない」苦しみである。その苦しみの表現として「父親を殺してやりたい」と表現していることがわかる。

　このように，「親父を殺してやりたい」などという少年に限って，言っていることとは裏腹に，実は父親からもっと愛されたい，自分をもっとわかってほしいと思っている場合が少なくない。そして，それが成就しないことで苦しんでいるのである。

　そのような少年に，父親を殺すことがいかに悪いことかを教え諭すことはいかがなものだろうか。また，「人の命は地球より重い」などという「教訓を話すこと」はいかがなものだろうか。

　このような対応を受けた少年は怒り出すに違いない。

　なぜなら，このような対応をされると，「自分が理解されていない」という気持ちをいっそう深めるからである。

　我々はきちんと少年の気持ちを受けとめて，その気持ちや考え方に共感していくことこそが大事だと考える。

　この少年の場合は，少年の父親へ対する複雑な思いをしっかりと受けとめ，どのようにすれば父親が自分をわかってくれるかを相談していくことが重要なカウンセリングの課題になった。

　さて，第２章で神経症者と非行少年の違いを述べた（19ページ参照）。神経

症者は内に抱えた苦悩が自分を苦しめる方向で展開するのに対して、非行少年は内に抱えた苦悩が周囲を苦しめる方向で展開していく。方向が違うのである。非行少年も苦悩を抱えていることを忘れてはいけない。その苦悩を受けとめることが、非行臨床の基本なのである。

「非行」という言葉は「行いに非ず」という意味が込められている。これは、すでに「よくないこと」という評価が入っていることが理解できる。だからこそ、評価を一時、棚上げすることに意味があるのである。そして、その少年の生の気持ちに寄り添うのである。

ここで思い起こしていただきたいのが、ダブルロールの問題である（17ページ参照）。非行臨床では、非行少年に対して行動を規制する役割と自由意志を尊重する役割という、相矛盾する2つの役割を担うことが大きな課題になるこ

コラム　　カウンセリングの基本姿勢とC.R.ロジャーズ

　ロジャーズ（Rogers,C.R.）は我が国のカウンセリングに大きな影響を与えた人物の1人である。ロジャーズの考え方は示唆に富んでいる。特に、これからカウンセリングの姿勢を学ぼうという人たちにとってはぜひ学んでいただきたい人物である。ここにロジャーズの考え方のエッセンスを紹介したい。
(1) 無条件の積極的かつ肯定的関心を寄せる
　一般には受容ともいわれる。クライエントに対して良い悪いの価値判断を入れずにまず受け入れるということである。クライエントの絶対的な価値を認め、あるがままを無条件に受け入れる。クライエントの独自性を認め、温かい肯定的関心を寄せることである。
(2) 共感的理解に努める
　クライエントが「今ここで」感じている内的感情をセラピストもあたかもクライエント自身であるかのように受けとめ、その内的世界を体験することである。
(3) 自己一致の態度を保つ
　純粋性ともいわれる。面接中、セラピストが自分自身が本当に感じていることに敏感に気づいて一致していることである。また、そうあろうと努力する姿勢のことでもある。
　このような姿勢を取るには傾聴ということが原則になる。単に耳だけで聴くのではない。全身を傾けて聴くのである。
　また、「待つこと」の重要さも指摘しておきたい。カウンセリングはクライエントに根気強く寄り添って「同行する」内的作業だといえる。クライエントが自己解決力を回復し、自然治癒力を再活性化させていくプロセスでは、あせらず時が熟すのを待つ態度も大切なものとなる。

とはすでに述べた。この点をもう一度振り返っていただきたい。そうすれば，この「受容」が重要であることと，その一方でクライエントの「自己決定」が大きな意味を持つことが理解されよう。このダブルロールの問題をどのように扱うかが，非行カウンセリングのポイントであることを改めて強調しておきたい。

2 家族療法——家族システムとその変容

　我々は家族のしがらみを背負って生きている。その家族のシステムが変わらない限り，問題が解決しないことは容易に理解できるだろう。
　家族療法とは，その人の背景にある家族自体の問題とその解決を積極的に考えていく立場である。

(1) 症状や問題行動は家族の問題を表現している

　ここで，ある家族を想像していただきたい。
　父親，母親，長女，次女の4人家族で，次女に不登校や神経症の症状が出始めたと考えてみよう。
　個人療法であれば，この次女のこころの問題を考えていくことになる。むろん家族関係，例えば父親や母親との関係，姉との関係なども考えるわけであるが，それはあくまで二次的なものである。中心は次女であり，問題は次女の症状・問題行動である。
　これに対して家族療法では，家族全体，すなわち家族システムそのものを対象とする。
　この家族自体に何か問題があって，その問題を次女が不登校や非行，神経症という症状で表現していると考えるのである。
　したがって，家族療法ではこのような次女のことを患者とは呼ばない。IP（アイ・ピー）と呼ぶ。IPとはIdentified Patientの略であり，「患者の役割を担う人」という意味なのである。

家族療法の基本的な考え方
　心理療法の領域に家族の問題が大いに関係していると考えざるを得なくなった実情をさらに考えてみたい。ある人が精神病院で入院治療を受けたとする。治療効果があがって症状も非常によくなった。そこで，その人は退院する。ところが，また悪くなって入院してくる。入院するとよくなるのだが，退院する

とまた悪くなってしまう……治療者はこう考える。「家に戻すと悪くなるというのは，家庭のシステム自体に問題があるのではないか」。これが家族療法の基本的な出発点なのである。

非行についても同じことがいえる。少年院に入る。その少年は反省も深まり，矯正教育の効果が端的に現れる。ところが，家に戻すと，また元の不良生活に戻ってしまうのである。なぜか。それはその少年を取り巻く環境システムそのものに問題があり，それを積極的に変えていかない限り，問題は克服されないということなのである。

(2) 非行臨床と家族療法

それでは，家族療法の立場から具体的な非行事例を考えてみたい。

事例　16歳男子　強盗致傷
〈事件の概要〉

パチンコ屋で金を使い果たしたJ（16歳）は，弱そうな男（被害者，大学生）を見つけて恐喝をすることを思い立ち，被害者に声をかけたが無視されたので，立腹。被害者の背中を殴って転倒させた。抗議した被害者に対して見境なく殴る蹴るの暴力を加えて，被害者から無理やり金品を強奪し，被害者に傷害を与えた事件である。

家庭裁判所調査官（以下，調査官という）が少年鑑別所で初めてJと会ったときの印象は，少し意外なものだった。体は大きいのだが，終始おびえが強く，調査官は，まずこの小心さと，強盗致傷という内容のアンバランスさに驚かされた。

〈家庭状況〉

Jの家族構成は，父，母，姉，Jの4人家族。

母（43歳，パート看護師，高卒）は支配的で過干渉。姉（17歳，高校3年生）もやはり過干渉。一方，父（45歳，会社員，大卒）は家庭内での発言力は弱く，そのうえ3年前から単身赴任をしており家庭を離れている。

〈面接経過と事例理解〉

少年は，父親は家庭で影が薄いという。母親はいわゆる過保護・過干渉で，家の中を支配している。「姉はおふくろそっくり」と述べた。Jが言うには，「母親は自分を子ども扱いにする」「家の中は何でも女っぽい考えで動いて嫌だ」ということになる。

調査官が,「君はいつ頃からつっぱるようになったのか」と聞くと,「中2の頃からだ」と答えた。それはちょうど父親が単身赴任した時期と一致している。

少年と面接を繰り返す一方で,父母に会ってみると,たしかにJの言うことがよくわかった。両親から話を聞きたいのに,母親が1人で話をするのである。父親はかたわらで静かに相づちを打つだけである。筆者が「J君は自分のことを子ども扱いにするのが嫌だと言っていましたよ」と言うと,母親は「わかっているんですが,どうもあの子は要領が悪くてみていられないんです」と弁解

コラム　家族システムとコミュニケーション

　精神疾患で入院しているタロウのところへ母親が見舞いに来た。そのときのようすを書いてみよう。

　部屋で対面した母親はタロウにこう言うのである。

「タロウ,元気そうだね。こっちへおいで」

　タロウは母親に近づこうとする。すると,母親はびくっと体を震わせた。それを見たタロウもびくっとして立ち止まってしまう。

　すると母親はこう言うのである。

「なんだ,タロウ。おまえは私が来たことが嫌なのかい」

　タロウはまた母親のもとへ近づこうとする。すると,またしても母親はびくっと体を震わせる。タロウは拒否されたと感じて立ち止まる。

「タロウ,おまえはお母さんに近づいてもくれないんだね」

　この光景はいかがだろうか。母親が2つのレベルのコミュニケーションを送っているのに気づいただろうか。

　母親は口では「こっちへおいで」と言う。しかし,表情や体の仕草は近づくのを拒否している。いわば「来るな」というメッセージを送っているのである。

　このようなメッセージを送られたほうはたまらない。口では「来い」というので近づこうとすると,身体的な表現では「来るな」というメッセージを送られる。立ち止まると,「なんだ,こっちへ来ないのか」と責められる。どうしてよいかわからず,金縛りのような状態になってしまうに違いない。

　このような矛盾したメッセージを同時に送られ,しかもそこから逃れることもできず,何らかの反応をしなければならない状況をダブル・バインド（二重拘束）の状況という。

　G.ベイトソン（Bateson,G.）らはこのダブル・バインドに注目し,その考え方を発展させていった。ダブル・バインド理論は家族療法の世界に大きな影響を及ぼした。コミュニケーションそのものを変化させ,家族システムを変えていくという画期的な治療論へとつながっていくのである。

する。そして，横にいる父親をさかんに非難し始めた。
　「だいたいこういうこと（非行）には父親の対応が必要なのに，この人は単身赴任で家にいない。単身赴任の前は，仕事仕事で帰りは遅い……相談しても，ああとか，うんとか，なまくらな返事をするだけで，ちっとも頼りにならないんです。結局，私が1人で悩んできたんです」
　父親は母親から一方的に責められるばかりで，母親の前では，特に発言がない。父親の話も聞いてみたかったので，母親に部屋を出てもらうと，父親はそれなりの弁解を語った。
　「家に居場所がないんですね」としみじみ語る。そしてこんなことを口にした。「妙なことなのですけどね。私があいつ（J）のことを厳しく注意しようとするでしょう。そうすると，女房の方が妙にかばうのですね。そんなこんなで，いつのまにか家のことに口を挟めなくなってしまったのですね……今となっては弁解ですが」
　母親は「相談のしがいがない夫」と言い，父は「口出しをさせない女房」と言う。この夫婦の特徴は明らかである。夫婦の間の連携がきわめて悪いのである。さて，この家族の問題は具体的にどのように考えればよいのだろうか。
〈非行を生み出す家庭内の悪循環〉
　Jの家庭では，母親が強くて支配的な存在と受けとめられがちである。しかし，実際は，母は決して強くはない。むしろ不安定で孤立していることに注目したい。
　支配的な母親は父親を「頼りにならない」と責めて家庭外へ排除する（父親の排除）。母親はいっそう支配的となるが，父親を排除することで内面的な支えを失い，不安定さは増大する（母親の不安定さの増大）。母親は不安定さを補償しようとして，ますます子どもを支配下に取り込み過干渉に接する（母親による子どもの私物化）。Jは母親の過干渉を拒否して非行に走る。母親は父親を「頼りにならない」として家庭外へ排除する。この流れは非行を生み出す悪循環を形成する。
　このような悪循環の図式の中で非行が現れることは，臨床の中で頻繁に認められる（図3-2）。

家族システムの変容
　この事例は試験観察（157ページ参照）に付されたが，試験観察においては，父母の連携つまり，親サブシステムの連携強化（夫婦連合の形成）と少年の自己決定を尊重する家族の姿勢を強化することが目標になった。試験観察の面接

は家族参加のセッションとし，父親の参加と積極的な発言を促すこととし，そのうえで，少年が自分自身のことに関しては，自分の意見を積極的に述べ，父母がそれを傾聴し，家族としての意思決定をするという家族のコミュニケーション・システムの形成に努めた。

少年は少年鑑別所を出た時点で，高校は中退したが，「実は，僕は別の高校に行きたかった。しかし，担任の先生が無理だといい，諦めていた」と述べ，本当に行きたかった高校の受験を試みることを主体的に「自己決定」した。高校受験は成功し，試験観察は終了。少年院送致とはならず，保護観察決定で事件は終結したのである。

父親は「もっと家庭のことにかかわるべきだった」と反省し，興味深いことに，母親は「私は逆をやっていたのですね」と述べた。つまり，父親は面倒なことが持ち上がると，仕事という名目で家庭外へ逃げようとした。それに業を煮やした母親は「その背中を押した」「本当は，父親を家庭に引っ張り込まなくてはいけなかったのですね」と語ったのである。

構造派とコミュニケーション派

家族療法の技法はさまざまなものがあるが，一般的に用いやすいものとして，構造派とコミュニケーション派（あるいはその流れをくむ戦略派）のアプローチがある。

構造派は，コミュニケーションの観察を通して家族システムを構造的に捉え，その問題点を分析したうえで，「家族システムの再構造化」を目標とするものである。「明瞭で柔軟な世代間境界の形成」「両親連合の形成」「健全なヒエラ

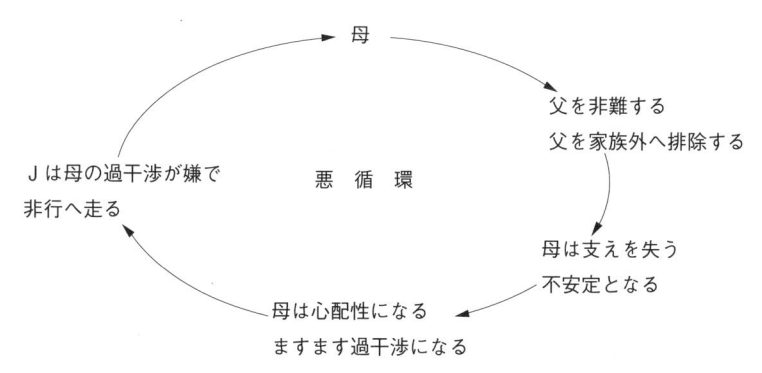

図3-2 非行をめぐる悪循環

ルキーの形成」等の表現は構造派特有のものである。具体的には「コミュニケーションの遮断」「コミュニケーションの再編成」等の技法が使われる。この一派の代表がS.ミニューチン（Minuchin,S.）である。

　このケースにおいては，夫婦連合の形成，明瞭で柔軟な世代間境界の形成を目標とした。そのために，「お父さん，お母さん，たまには夫婦水入らずで旅行に行かれたらどうですか。子どもたちだけで，両親不在の間，どのように過ごすか見てみましょう」等の指示を何度か繰り返した。

　また，実際のセッションにおいては，ともすれば母親がJに指示的な会話を押し通すことが多くなるので，母親のそのような会話をブロックし，まずはJの意見を話してもらい，父母には傾聴してもらう。そのうえで，改めて父母から意見を述べてもらうというコミュニケーションの再構成を図った。つまり，Jの主体性を尊重するコミュニケーションを形成するように努めたのである。

　このような考え方は構造派の考え方といえるが，コミュニケーションの悪循環を明らかにし，コミュニケーションの連鎖を変えるという発想は，次に紹介するコミュニケーション派の視点でもある。

　コミュニケーション派（あるいは戦略派）は，問題行動や症状もコミュニケーションと考え，主としてコミュニケーションの機能に注目する立場である。特にコミュニケーションの拘束機能に注目し，家族システムを，いわば「家族が相互に拘束し合っている状態」と捉えるのである。そして，「拘束の状態」に変化を与えることで家族コミュニケーションに変化を生み出そうとする（東，2010）。戦略派の代表としてはJ.ヘイリー（Haley,J.）を挙げることができる。

　例えば戦略派であれば，このケースについて，「J君もお母さんも，気持ちの優しい人たちだよね。お父さんが仕事に専念できるように，2人だけで，問題を解決しようと一生懸命になっているんですね」などと言葉かけをするかもしれない。これはポジティブ・リフレーミングと呼ばれる技法である。肯定的に意味づけして返すのである。これはまた逆説的な介入でもある。このようなメッセージを受けると，父親はかえって家庭にかかわらなければならないという姿勢を強めることになる。

　母親は子どもとのかかわりの中で，過干渉を強めている。この過干渉をやめさせることが解決への鍵となる。母親はJへの過干渉を強めながらも，事態が悪化することを嘆いており，「無力感」を訴えている。このようないわば症状のようなものを積極的に利用する方法もある。「お母さん，その無力感が大切なんです。次回のセッションまでの間，子どもにあえて何もせずに，その無力

感をじっくり噛みしめてきてください」などという指示をするのである。これは「逆説的指示」というものである。症状を逆に強化するのである。この指示の後，子どもの生活態度の変化が若干でも認められれば，それをとりあげ，ポジティブ・リフレーミングで解釈を返していく。このようなことを繰り返すのである。

このような逆説的な対応が功を奏するには，初回時のジョイニングが重要である。ジョイニングとはミニューチンの言葉であるが，簡単にいえば「セラピ

コラム　非行少年の家族の特質

　神経症者と非行少年の家族機能の違いに目を向けてみたい。

　次の図はW.R.ビーバーズ（Beavers, W. R.）の家族システムのモデルである（図3-3）。ビーバーズは，家族を遠心的と求心的という2つの側面から捉えた。遠心的とは家族を外側に追いやる力が働くことを意味し，求心的とは家族内に吸収し埋没させる力が働くことを意味する。今，非行を繰り返す少年を社会病理的な子，あるいは行動障害の子に当てはめて，この図を見てみる。統合失調症や神経症の子どもたちが家族から外へ出ていけなくなる（求心的家族）のに対し，非行を繰り返す子どもたちは家からはじき出される，つまり家出等を繰り返すこと（遠心的家族）からも，この家族メンバーに働く力の方向性が，神経症と非行では逆になることが理解できる。

　つまり，非行少年においては，家族機能においても力は「外へ」（遠心的）向かうし，内面の問題も「外へ」（行動化）向かうのである。

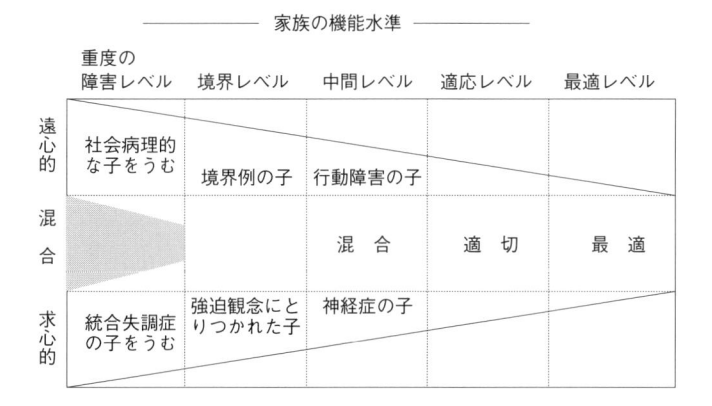

―――― 家族の機能水準 ――――

	重度の障害レベル	境界レベル	中間レベル	適応レベル	最適レベル
遠心的	社会病理的な子をうむ	境界例の子	行動障害の子		
混合			混合	適切	最適
求心的	統合失調症の子をうむ	強迫観念にとりつかれた子	神経症の子		

図3-3　ビーバーズ・システムモデル（杉渓，1992を一部修正）

ストが家族に受け入れてもらうこと」(東, 2010) である。特定の家族メンバーとの信頼関係を深めるのではなく，問題解決にかかわるシステム全体を見渡して行われるものと考えたい。

さて，構造派のアプローチとコミュニケーション派のアプローチは，技法的には相当違っている。しかし，「その目的は同じといってよい。その目的とは，コンテクストの変更，つまりシステム内のコミュニケーションのパターン・連鎖・ルールといったことの変更であり，変更されたものの持続・定着である」(東, 2010)。

家族療法が行われている多くの現場では，さまざまな技法を駆使しているといえる。筆者も構造派と戦略派，双方の技法を用いながら臨床を展開している。

(3) 家族支援の基本

非行臨床の特質，あるいは非行少年の家族の特徴を述べてきたが，最後に，それらを踏まえて，家族支援のあり方をまとめてみたい。非行ケースの場合，非行少年本人がカウンセリングの場に出てこない場合が多い。しかし，本人(IP)抜きであっても，家族システムそのものを変容させることも可能であろう。ここでは，非行の専門機関ではなく，一般のカウンセリング現場で非行ケースを扱う場合を想定して，家族支援，非行臨床の基本をまとめてみることにする。

1) まず少年と家族との間に良好な人間関係をつくる

筆者が「非行少年の親の会」に出席したときのことである。ある母親がこう言った。「子どもが中学生の頃，私は，先生からもっと家で厳しくしてくれないと困ると言われて，厳しくした。そうしたところ，親子関係がますます悪くなって，本人はますます荒れた」。それを聞いて他の母親たちからも，「うちもそうだ」という声が続いたのである。何を言いたいかというと，親子関係が悪くなって非行がよくなったというのはほとんど見たことがないということである。親子の関係がよくなって子どもは立ち直っていく。つまり我々の発想では，親子関係をよくすることを家族支援の基本的な姿勢にすえるのである。ダブルロールのところでも述べたように，確かに厳しさは必要である。しかし，まずは良好な親子関係をつくることが先決である。

2) ポジティブ・リフレーミングを効果的に使用する

では，実際にどのようにして親子関係を改善するのかというと，ポジティブ・

リフレーミングの効果的な使用ということになる。

　親に子どもの良好な行動を記述させて，その行動をほめるように指示する。また，親子で悪循環を起こしている行動の連鎖があれば，その悪循環に陥らないようにするにはどうするかを親と徹底的に話し合う。そして，次回の面接までに，どのような対応が好ましいか，うまくいった対応や家族内で生じた変化をメモしてきてもらう。そして，次回面接時には，家庭内に生じた変化をポジティブ・リフレーミングで解釈して返すのである。

　例えば，子どもをほめるうちに，親への甘えが見られるようになってくる場合がある。このような場合，この甘えは親子関係に信頼感が増してきたことの現れだと親に説明し，子どもの行動をポジティブ・リフレーミングで解釈して親と一緒に考える。また，親のとった行動もポジティブ・リフレーミングで返す。このようにして，親と子どもの間，親とセラピストの間，双方に好循環を作り出していくのである。

3）社会的な相互作用を利用する

　不登校など非社会的な問題を抱える少年と非行少年の決定的な違いは，非行少年は警察に捕まったり，家庭裁判所から呼ばれたりといった社会的な相互作用を生じるということである。非行臨床では，この相互作用を最大限に利用することがカウンセラーの重要な仕事となる。このことが非行臨床の最大の特徴である。

　問題行動を家庭内で親が注意するだけでやめさせることはきわめて難しい。むしろ，注意が空回りするうちに，叱責が激化していき，親子関係が悪化し，さらに少年を非行に追いやることがしばしば見られる。だから，親子関係を良好にすることがまず必要である。それを積み上げていくうちに，多くの場合，少年は家庭外で問題行動を引き起こし，警察に捕まり，家庭裁判所に呼ばれるといった事態が生じる。実は，これがチャンスなのである。これは「権威を治療的に使う」(生島，1999) ことでもある。

　家庭裁判所に呼ばれることは少年にとって非常に大きな不安となる。このとき，親子で，家庭裁判所でどのように対応したらよいかを話し合うのである。言い換えれば，このようなときに親子できちんと話し合えるように，そのための準備として，親子関係を良好にしておくと考えてもよい。

　また，これを好機として，少年をカウンセリングの場に引き出すこともできる。家庭裁判所でどのように対応するか，家庭裁判所に行くまでに何をすればよい

のか等を，親子揃ってカウンセリングの場で話し合う。これこそが家族療法的な非行臨床になりえるわけである。カウンセラーにとって，ダブルロールの問題が大きくなるのはとりわけこの段階からである。少年に対して，行動制限と自由意志の尊重という複雑な課題が改めてクローズアップされるからである。

4）自己決定の原則を貫く——他罰的姿勢への対応

Jの事例では，親サブシステムの連携強化と少年に自己決定の原則を貫かせることがポイントになったと記述した。第2章でも詳しく述べたが，筆者は，非行臨床のうえで，この「自己決定の原則を貫かせる」ことが大きな意味を持つと考えている（25～26ページ参照）。

非行少年の家族には，少年が被害者的な立場に逃げ込む構造がすでにできあがってしまっている。だからこそ，カウンセラーは家族と協働して，少年の自己決定を重んじる家族システムを作っていく。このことができるかどうかが，支援のポイントになるのである。

3　ナラティヴ・セラピー——物語と語り，そして，ユニークな結末

(1)　ポストモダンの考え方

現代心理学は科学として発展してきた。その基本的な考え方は科学的なアプローチで人間を理解していこうというものである。

では，この科学的アプローチとはいったいどのようなものなのだろうか。

これは絶対的な真実があるという考え方である。しかも，真実はひとつであり，それは客観的に測定できるという信念に基づいている。

しかし，このような考え方に反発を感じる人たちも出てきた。

絶対的な真実とは何なのか。科学的な方法論がすべてか。

こころの問題についても，精神疾患などというのは，単に西洋的な「正常」の概念からはずれているだけなのではないか。つまり，西洋的な枠組みで「正常」を考えているにすぎないのではないか。

このような考え方の中で，ナラティヴ・セラピーの考え方が誕生してきたといってよいだろう。ナラティヴ・セラピーはポストモダンの発想ともいえよう。

人間は一人ひとりが固有のこころを持っている。そして，そのこころにある固有の物語を持ち，それを語ることによって物語を生きている。この物語の変

容を考える。これがナラティヴ・セラピーの考え方である。ナラティヴ・セラピーを物語療法と呼ぶ人もいる。

(2) **家族療法とナラティヴ・セラピー**

ナラティヴ・セラピーは家族療法の流れの中で誕生してきたと考えることができる。

「システムとしての家族」という視点は，アメリカで50年代に生まれたものだといわれている。これは家族療法の発展へと展開していくわけだが，そのひとつの中心はMRI（Mental Research Institute）であった。このMRIの立て役者の一人がD.D.ジャクソン（Jackson,D.D.）である。このジャクソンがベイトソンらのグループと出会うことによって，家族療法は飛躍的に発展していくのである。

ジャクソンの死を境に，MRIは，いわゆる合同家族療法から，個人との「家族療法」，家族でない人との「家族療法」へと変貌を遂げる。

また，システム論はさらに広がり発展を遂げていった。とりわけベイトソンの理論から学びMRIの技法をさらに洗練していった家族療法のチームのひとつがミラノ派だった。彼らの逆説的介入を中心にした技法は，複雑なコミュニケーション・ゲームを展開する病理的家族に思い切って介入する方法として多くからの注目を集めた。一方で，先進的家族療法家はポストモダンの構成主義に傾いていった。

そして，1988年，M.アンダーソン（Anderson,M.）とH.グーリシャン（Goolishian,H.）によって，家族療法の流れを大きく変える記念碑的論文（Anderson & Goolishian,1988）が『ファミリー・プロセス』誌に発表された。ナラティヴという用語が家族療法のキーワードとして使われだしたのも，このすぐ後，M.ホワイト（White,M.）とD.エプストン（Epston,D.）の主著"Narrative Means to Therapeutic Ends"（White & Epston, 1990）が最初である。そして，ナラティヴと自称する論文が続々と発表されていくことになるのである。

現在，ナラティヴ・セラピーの主たる学派は，以下の3つだとされる（小森・野口・野村，1999）。

①ホワイトとエプストンのナラティヴ・モデル
②グーリシャンとアンダーソンの会話モデル
③T.アンデルセン（Andersen, T.）のリフレクティング・チーム

である。

これらの中にはいくつかの特色ある実践が含まれているが，いずれも社会構成主義の視点に立ち，「言語」「語り」「物語」「対話」を重視する点で共通している。なかでも「ナラティヴ」という言葉を前面に出して，この言葉への注目を一挙に高めたのが，オーストラリアの臨床家，ホワイトとニュージーランドの臨床家，エプストンである。

(3) ナラティヴ・セラピーの実際

　これまでのカウンセラーの取り組みは，あらかじめある種の基準・理論枠組みがあって，それに照らして人の思考・感情・行動を観察するものであり，カウンセラーの説明・助言・計画的介入はこの基準・枠組みにそって与えられる。カウンセラーはクライエントと同じ立場に立つのではなく，専門的知識をもち，クライエントを観察・査定・支援するものである。さらに，カウンセラーとクライエント，夫と妻といった相互作用にかかわるもの同士は対等であると考えるが，現実的には勢力の差は大きい。

　このような見方に対して，ポストモダニズムのナラティヴ・セラピーの視点では，カウンセラーはもはや，夫妻や家族が問題をどのように解決できるか，解決すべきかを知る専門家ではない。カウンセラーは，クライエントが自分の生活について語る物語を傾聴する人であって，いわば旅仲間である。

　カウンセラーの立場としては，問題の原因をさがそうとする会話を展開しようとするのではなく，前向きに進む可能性について語り合う会話に関心を向けるのである。カウンセラーとクライエントはともに，個人や夫妻や家族の生活経験にぴったり合った物語を構成する。新しい物語が語られると，それがクライエントの生活の基盤になるのである（岡堂，2000）。

ドミナント・ストーリーとオールタナティヴ・ストーリー

　このようにナラティヴ・セラピーでは物語が語られること，それを傾聴すること，語り合うこと，そして，物語が再構成されることが重要である。

　その人にとって支配的な物語をドミナント・ストーリーと呼ぶ。

　治療とは，自分の生きられた経験を十分に表現していないドミナント・ストーリーを，それまで認識していなかったオールタナティヴ・ストーリーと交代するように援助することである。

　この治療論を可能にする背景には，人間は各自の物語に由来する意見を他者と交わすことにより，人生や人間関係に新しい意味づけをしていくのだという

認識論があるといわれている。つまり「語り」の重要性である。
　ナラティヴ・セラピーのめざすところは，とどのつまり，クライエントのストーリーの書き換えにあるといってもよいかもしれない。この認知変化が起こる過程は，リ・ストーリング（re-storying）という言葉で表現される。
　リ・ストーリングは，セラピストも含めた参加者のさまざまな視点に注意を払いながら，人生の流れの中で生じた出来事をクライエントとセラピストが共同で取捨選択していく治療過程と考えることができる。文脈の変化を端から狙うというよりは，内容の地道な入れ替えに近い（小森・野口・野村，1999）。
　しかし，このリ・ストーリングも，治療者によってかなり幅がある。例えば，あからさまにストーリーの書き換えを狙う立場もあれば，認知の悪循環を断ち切ることで効果を上げようとする立場，偶然の力も利用してナラティヴの多様性を示していこうとする立場などさまざまである。
　例えば，ホワイトは次のように述べている（野口，2002）。
　「ひとびとが治療を求めてやってくるほどの問題を経験するのは，彼らが自分たちの経験を綴った物語や他人に綴られた物語が，彼らの『生きられた経験』を十分にあらわしていないときであり，そのような状況では，これらのドミナントな（支配的な）物語と矛盾する彼らの『生きられた経験』の重要な側面が存在するであろう」
　ややわかりにくい表現かもしれないが，要するに，自分自身が語るドミナント・ストーリー，あるいは，他人によって語られるドミナント・ストーリーは，そのストーリーにうまくおさまらない「生きられた体験」を排除したり，無視するということである。逆にいえば，ドミナント・ストーリーは，いくつかの「生きられた経験」を無視することによって成り立っている。そして，このドミナント・ストーリーの外側にくみ残された「生きられた経験」こそが，「ユニークな結末」にほかならない。
　つまり，その「ユニークな結末」は通常は無視されており，無視されることでドミナント・ストーリーを成り立たせている。したがって「ユニークな結末」に注意を向け，その存在に光を当てることができれば，ドミナント・ストーリーはもはやドミナントのままではいられなくなる。「ユニークな結末」はドミナント・ストーリーを破壊する突破口となるのである（野口，2002）。
　このユニークな結末を見いだし，ストーリーの書き換えを行う方法として，ホワイトらの外在化の技法を取り上げてみたい。

原因の内在化と外在化

　ホワイトたちはいくつかのユニークなアイデアを提示して新しい実践を組み立てていったが，そうしたアイデアの中で最初のキーワードとなるのが「外在化」である。「外在化」とは，文字通り何かを外部に位置づけるということであり，その反対は「内在化」である。まずは内在化と外在化の違いについて考えてみたい。

　「こんなことになったのは，自分のせいだ」という説明モデルは，自分の内部に原因を求めている。我々は物事の原因を自分の内部に求めたり，外部に求めたりして生きている。

　例えば，非行少年に対して教師が「おまえは自分の性根を変えないとよくならない」などと言う場合がある。そして，本人もそう考えているとする。つまり，自分の中に問題があるから非行を繰り返すのだと。これは非行の原因を内在化させている考え方である。

　これに対して，「俺が非行に走るのは，社会や環境が悪かったためだ」と考える少年もいるだろう。これは非行の原因を外在化させているといえる。

　どちらも更生させようとしてもなかなかうまくいかない。原因の内在化は結局のところ自分が悪いということになるので，自分が変わるしかない。しかし，そう簡単に自分は変わらない。また，この考え方はその人を苦しめる。なぜならば，自分で自分を変えるには，今までの自分を否定し，自分を蔑んだり，憎んだりしなければならないからである。さらに，なかなか自分が変わることができないとき，自分が非常に情けなく思えてくる。劣等感を増大させ，自分の価値下げと非行という悪循環に拍車をかけてしまうことにもなりかねない。一方，原因を外在化した場合，社会や環境を変えるという方法になるが，やはりそう簡単に外部は変わらない。つまり，原因の内在化も外在化も必ずしも問題の解決に導いてくれるわけではないのである。

　しかし，ホワイトたちは，原因ではなく「問題そのもの」を外在化するという方法を思いつく。野口（2002）を参考にしながら，まずはホワイトの有名な事例「スニーキー・プー」の概要を紹介したい。

問題そのものの外在化

事例　スニーキー・プー（ずるがしこいウンチ）

　ニックは6歳の男子である。遺糞症と診断され，それまで何人ものセラピストが治療を試みたが，うまくいかなかった。問題が生じない日はほとんどなく，

たいてい，下着にめいっぱいの便が残っていた。さらにニックはそれを壁にこすりつけたり，戸棚やタンスの引き出しにしまい込んだり，食卓のテーブルの裏に塗りたくって遊んだりした。

そこで，まずホワイトはここで起きている問題に「スニーキー・プー」(Sneaky Poo：ずるがしこいウンチ）というあだ名を付けて，この問題がニックや家族にどのような影響を与えているかを聴き，明らかにしていった。

- プーはニックを他の子どもたちから引き離して，学校での勉強に悪影響を与え，彼の生活を台無しにし，彼が本当はどんな人間なのかわからなくしていた。
- プーのために，母親は自分には人間としての能力や母親としての能力があるのかと疑問を持つようになり，惨めになり，ひどく打ちのめされた。
- プーは父親を非常に困らせていた。父親は友人や親族と疎遠になり，その惨めな秘密を隠しながらつきあわなくてはいけなくなった。
- プーは家族すべてに影響を与えていた。プーのために，ニックと両親の間には溝ができ，両親の話題はつねにニックのことばかりになり，両親は互いに相手に注意を向けることは困難になった。

以上がセラピーの前半部分である。

さて，ここで，セラピーとしてどのようなことが行われたか，まとめておきたい。まず「問題」と「影響」が分離されたということである。

それまで，何が問題で，誰に責任があるのかよくわからない状態だった。問題はニックの中にあるようでもあり，両親にあるようでもあった。それが「問題」に「スニーキー・プー（ずるがしこいウンチ）」というあだ名が付けられたことにより，「問題」が外在化され，ニックと両親から切り離された。

次に，その問題がニックとその両親にどのような影響を与えているかを質問することが可能になり，それが明らかにされた。

さらに，この「問題」は，ニック，父親，母親に対して，それぞれ別の影響を与えていたことが判明したのである。

以上の手順は，「影響相対化質問法」と呼ばれるもので，「問題から彼らの人生と人間関係を引き離す仕事」であるとホワイトは述べている（野口，2002）。問題の原因を外部のせいにするのではなく，問題そのものを外在化する。これがホワイトとエプストンの独創的なアイデアである。

ここで，ホワイトは次のステップに進む。

「問題の存続にかかわる彼ら自身の影響」を探るのである。ニックの問題によって，ニックと両親は振り回されてきた。しかし，その一方で，彼らが問題の存続を助長してきた面もあろう。それを明らかにするのである。そして，「問題の存続」に立ち向かった経験，「問題」を無視した経験，あるいはなぜか「問題」に振り回されずにすんだ経験，つまり「ユニークな結末」を浮かび上がらせていく。
　問題の存続にかかわる家族の対応を明らかにすることで，次のことが判明した。
・ニックは，プーの思いのままにならなかったことが何回かあることを思い出した。便をどこかにしまい込んだり，塗りつけたりすることに協力することもあったが，その回数は減っていた。
・母親は，プーのおかげで惨めな思いをしていたが，ステレオをつけて，その思いに抵抗したところ，親として人としての能力に疑問を持たずにすんだ。これは今までにない例外的な体験をした。
・父親はプーに抵抗した経験を思い出すことはできなかったが，プーの影響を拒もうという気持ちになり，今まで隠していたこの「惨めな秘密」を同僚に打ち明けるつもりだと言った。
・プーが家族関係に及ぼす影響を明らかにするのは難しかったが，父親も母親もお互いの関係を放り出さずに努力を続けてきたこと，ニックも両親との間の愛情がすべてダメになったとは思っていないことが明らかになった。

　以上のような「ユニークな結末」が明らかにされた後，ホワイトは次のような質問をした。「問題に対抗するため，いままでどんなふうに対処してきたのか？」「どんなことが対抗するのに役立ったか？」「それを知ったことで，将来どんな点が変わるだろうか？」といった質問である。
　これらの質問に対して，母親は「プーに惨めな思いをさせられるのを拒否すること」，父親は，「プーとのトラブルを同僚に語ること」を考えるようになったという。そして，ニックは，「もうプーには二度とだまされないこと，友達にならないこと」を決心したのだった。
　この2週間後，ホワイトは家族と再会した。その間，ニックはたった一度の小さな失敗をしでかしただけだった。ニックは，自分がいかにしてプーの罠から逃れたかを語り，人生は二度と奴の手には落ちないこと，自分が輝きだしていることを信じていた。
　このようにしてこの「外在化」の方法は成功に終わったのである。

第3章　非行臨床の方法

さて，ホワイトとはまったく別個に，独自の立場から「外在化」的な手法を模索していた人物が日本にいる。東（2010）の「虫退治」の技法がそれである。
次に東（2010）の「虫退治」の技法を紹介し，両者の比較検討を深めながら，外在化技法の非行臨床への適用を考察したい。

(4)「虫退治」技法（東，2010）の紹介

　臨床心理士（以下セラピスト）は次の手続きで面接を行う。
　面接には原則として患者と両親（片親の場合は片親だけ）が参加。祖父母等の自主的な参加は拒まない。また，1回の面接時間は，原則として1時間以内。
　初回面接は次のように進められる。
　①まず，患者・両親の訴えを無批判に傾聴しつつ，「患者の症状の原因」について患者・両親の考えをうかがう（すでに存在する「意味づけ」の確認のため）。
　②身体症状が消失し再登校できるようになることが，ここでの最大の治療目標であることを確認する（治療ゴールの共有化のため）。
　③「比較的短期間（約三カ月）で身体症状が消失し，再登校できるようになるよい方法がある」と伝える（変化へのモチベーションの向上のため）。
　④引き続き，次のような教示を行う（リフレーミングその1・すでにある「意味づけ」の否定）。
　「比較的短期間で解決するためには，次のことを守っていただく必要があります。人は何か問題が生じるとその原因を究明したくなりますが，不登校の場合も例外ではありません。そしてしばしば，ひとつは子育ての失敗として，あるいは家族関係の問題として捉えようとします。しかし，これは実は何の関係もないです。ただ，そのように見ようと思えば見えるというだけのことです。むしろそのように考えて親が落ち込んだり，家族内で責めあったりすることで，かえって解決を遅らせてしまうことになりかねません。何しろ，過去は取り返しがつかないし，家族関係もそんなに簡単に変わるものではないからです。そこで，ここではそのようなことに関連づけないようにお願いしたいのです。もうひとつは，子ども自身の性格や考え方に問題があるとして，子どもを否定的に見てしまうことがあります。しかし，これも症状とは何の関係がありません。むしろそのように考

えて自責的になったり，周囲から責められたりして，ますます子どもの元気がなくなって，かえって解決が遅れてしまうことが多いのです。性格は簡単に変わるものではありません。ですから，そのようなことに関連づけるのもここではやめていただきたいのです。子どもの性格も家族の関係も無理に変えようとせず，今のままでここに通ってください」

　⑤上記の内容が十分伝わったことを確認した後，次の教示を続ける（リフレーミングその2・新しい「意味づけ」を与える）。

　「では，どうして症状があるのか，それを説明します。私たちが何かをしようとするときに，誰でも物事を楽観的に考えることもあれば，悲観的に考えることもあります。自信があったり，不安でいっぱいだったりします。少々のことではくよくよしないときもあれば，小さなことでも頭から離れず，悶々としたり，投げやりになったりすることもあります。日によっても時間によっても違います。これはある程度は普通のことです。しかし，『ある状態』になると，悲観・不安・悶々・投げやりといった状態にはまり込み，気になることが頭から離れなくなることがあります。これを私たちは『虫がついた』と言います。例えば，前夜は『明日学校に行くぞ』と考えていても，朝になると，ある人はふと，体の調子が気になるかもしれません。するとそこにどこからともなく『虫』がやってきて，『お前は体が悪いぞ，大変だぞ，無理しちゃいけないぞ，もっともっと悪くなるぞ，大変な病気かもしれないぞ』などと，悪い考えを吹き込んでくるのです。そしてそれに耳を傾けることで，どんどん虫の思うつぼにはまり，本当に具合が悪くなってしまう。これは『病気虫』ですね。またある人は朝になるとふと，面倒くさいなという気持ちが出るかもしれません。するとまた，どこからともなく例の『虫』がやってきて，『早起きなんか面倒くさいぞ。やめちゃえ，やめちゃえ。布団でゆっくり寝ているほうが楽だぞ』などと吹き込んでくるのです。そしてそれに耳を傾けることで，どんどん虫の思うつぼにはまり，本当にやる気が失せてしまう。これは，『怠け虫』ですね。おかげで周囲からは怠けているんじゃないかと勘ぐられてしまい，責められたり，下手すると親子関係まで悪くなったりする。他にも『対人不安虫』や『自信剥奪虫』や『被害者意識増幅虫』など，この種の『虫』がつくと何をするにも足を引っぱられてしまい，本来の君の能力が発揮されにくくなるわけです。しかし逆にいうと，この『虫』さえやっつければ，君は君のままで，今の問題・症状を克服することができるのです。どうです？　『虫退治』

したいと思いませんか？」

⑥上記の内容が十分伝わったことと，家族の「虫退治」に取り組む意思を確認したうえで，次のような儀式と課題を提示する。

［方法その１］家族一致団結して「虫」を追い出すことを目的とした「虫退治の儀式」を毎日行うように提案する。これは画用紙に人型を描いて中心部に「虫」の名前を書き込み，それを家族で取り囲み，順番に「○○（患者の名前）の中にいる△△虫，出ていけ！」と言って人型の中心部を叩くものである。セラピストは家族に，「虫」はチームワークを見せつけられるのが一番苦手，と伝える。この際，面接場面でも家族に練習してもらうが，セラピストは家族が楽しんで行えるように配慮する。

［方法その２］患者に，「虫」との毎日の対決場面を目標設定してもらい，その勝敗を記録するように指示する。その際，「虫」に負ける確率が高いと思われる場面は設定させない（例えば，いきなり登校する等）。おそらく「虫」が出現するであろうが，患者が勝利できる可能性が比較的高いと予測できるものを選んでもらうようにする。また，目標設定した以上のことは行わなくてよい，むしろ行わないほうがよいと伝えておく。なお，患者本人がどうしても決められないときに限り，それも「虫の作戦」なので，両親が代行して目標設定を行ってもよいとする。

［方法その３］両親に，患者が「虫」に負けてしまった場合の罰ゲームを準備するように指示する。ただし原則として，この罰ゲームの対象は患者個人ではなく，患者を含む家族全員か，患者を除く家族メンバーによるものとする。この目的は，患者が「虫」に負けそうになったときの底力発揮のためであり，「虫」の最も嫌いなのがチームワークを見せつけられることだからであると説明する。さらに，仮に患者が「虫」に負けるようなことがあっても，それは「虫」が強大であるのか，あるいは目標が高すぎたのかであるから，患者を叱ったりしないで，皆，淡々と罰ゲームをするように要請する。また，決めた罰ゲームは必ず実行しないと，「虫」が家族をなめてますます強大になると伝える。

二回目以降の面接では次のことが考慮される。

①前回の目標の達成度を確認するが，特に患者の示したよい変化に着目する。患者が「虫」のそそのかしを打ち負かした経験に最大の関心を示し，その際どのようなことが患者に生じたのか（こころの中の葛藤の様子や行動上の工夫など）を詳細に聴取し，患者の新しい体験を賞賛する。また，

両親の協力に感謝し，家族の中に生じたよい変化にも関心を向ける。
　②「虫」に負けることが多いようであれば，目標を変えてみるよう勧める。その際，患者や家族から「やはり患者個人の性格の問題ではないか」「やはり家族関係の問題ではないか」などとの不安が表明された場合でも，セラピストはそれに決してくみせず，「そのような不安を持たせるのも『虫』の仕業」などと徹底して「虫」の責任に転嫁し，今後も「虫」のそそのかしに対抗するよう勇気づける。
　③そのうえで新しい目標と罰ゲームの設定を行う。　　（以上，東，2010）

(5)　ホワイトの「外在化」技法と東の「虫退治」技法の比較

　東（2010）は「虫退治」技法はナラティヴ・セラピーの文脈とはまったく無関係であることを強調している。あくまで現在の家族システムを変えるためにこの方法を用いるのだという。
　ホワイトは原因を外在化するのではなく，問題そのものを外在化するのだと強調する。東の場合はいかがであろうか。
　東は「虫がつく」「虫を退治する」等の表現を用いて本人・家族に対応している。これは虫が行ったことすべてを外在化しているので，原因の外在化にはあたらない。問題そのものを外在化していると考えて問題はないと筆者は考える。
　さらに，ホワイトは問題と影響を分離することを強調する。
　一方，東は家族システムが大きく変化することを強調する。つまり，問題を抱える親子はそれまでは多くの場合，親子は対立関係にある。親は子どもを責め，子どもは親に反発を強める。ところが，問題を虫として外在化し，その虫へ本人と家族が立ち向かう姿勢を求めると，親子は問題（虫）に立ち向かう，いわば共闘関係となる。このシステムの変化が大きいと考えられるのである。

(6)　非行臨床への適用

　少年が犯罪を繰り返す場合，例えば，万引きを繰り返す少年を考えてみよう。
　筆者は児童養護施設の子どもたちとかかわりが深い。施設の中には，万引きを繰り返す少年もいる。彼らをみていると，ほとんどが万引きはよくないことを理解しているのがわかる。万引きはやめなければいけないということも内心ではわかっている場合がほとんどである。しかし，繰り返してしまうのである。
　職員が彼らに「なぜ万引きを繰り返すのか」と聞いてみても，多くの場合，

その答えは返ってこない。あるいは非常に曖昧である。

　対応する施設職員は苛立ってくる。そして、「おまえは自分のやったことの受けとめ方が浅い。反省が薄い」と強調することになる。しかし、子どもはまた万引きをしてしまう。施設職員はさらに激高し、反省が足らないことを叱責する。

　この対応は、原因を内在化しようとしても、うまくいかないことを物語っている。前述のように原因の内在化は、結局のところ自分が悪いということになるので、自分が変化するしかない。しかし、そう簡単に自分は変わらない。また、この考え方はその子ども自身を苦しめる。なぜならば、自分で自分を変えるには、今までの自分を否定し、自分を蔑んだり、憎んだりしなければならないからである。さらに、なかなか自分が変わることができないとき、自分が非常に情けなく思えてくる。劣等感を増大させ、自分の価値下げと非行という悪循環に拍車をかけてしまうことにもなりかねない。結局は万引きと職員の叱責の悪循環を加速させてしまうのである。

　この悪循環から逃れる方法として、外在化技法は有効だと考える。特に小学生・中学生などの低年齢で比較的非行の浅い子どもたちへの適用は効果的ではないかと考える。

　非行を繰り返す子どもたちの多くは、非行の後に「ああ、またやってしまった」といった後悔が続く。しかし、その後悔が非行の防止に役立たないのである。筆者は東の方法を模倣し、「虫」のメタファーを用いるが、この「虫」のメタファーは非常に自然に子どもたちの中に収まる。

　そして、その虫がどのような虫なのかを聞くことによって、当該問題行動がどのような性質のものかを理解することができる点でも秀逸である。これはある意味でホワイトの影響相対化質問と同じような効果をもたらすといえよう。

　例えば「わすれさせ虫」。これは反省したにもかかわらず、その反省を忘れさせてしまう虫として、問題を捉えている。この子どもの中には反省しなくてはいけないという気持ちがしっかりとあるのである。しかし、万引きを繰り返してしまう。この反省を忘れさせてしまうメカニズムを精神分析的に理解することも可能であろうが、困難を極める。それにくらべ、虫退治の外在化技法は驚くほど簡単に効果が上がるのである。

　児童養護施設であるので、施設職員を親に見立てるのだが、今まで敵対関係にあった職員と子どもの関係が、一気に、虫を退治する共闘関係へと変容するのである。このような関係を子どもたちは体験したことがない。新しい関係を

体験し，虫を退治することによって，自分の反省がほんものであったことを子どもは追認するのである。

非行臨床における外在化技法の有効性を強調しておきたい。筆者は今後もこの実践を深めていきたいと考えている。

4 家族療法の流れとブリーフセラピー

(1) ブリーフセラピー

家族療法とナラティヴ・セラピーについて概説したが，家族療法の流れはブリーフセラピーの発展へつながっていった。

ブリーフセラピーは短期療法とも呼ばれる。従来，心理療法は1年も2年も費やして治療が進められるのが一般的であったが，3カ月や半年など期間を短期に設定して治療を行う人たちが登場してきた。ここでは，我が国で現在人気のあるソリューション・フォーカスト・アプローチを取り上げてみたい。

(2) ソリューション・フォーカスト・アプローチ

ソリューション・フォーカスト・アプローチはアメリカのS.ド・シェイザー (de Shazer,S.) らによって開発された技法である。

一般に人は症状や問題を何とか治そうとする。つまり問題に注目するわけである。しかし，彼らは症状や問題に目を向けるのではなく，その解法のほうにこそ目を向けるべきだと主張するのである。

我々は日常の中で問題解決を図っている

クライエントたちはさまざまな問題に悩まされていると訴える。今までいろいろな努力をしたが万策尽きたと訴える場合もしばしばである。これをどのように考えればよいのだろうか。

ド・シェイザーたちは，クライエントたちは日常の中で自ら問題解決を図っていると考える。しかしながら残念なことに，その問題解決は「例外」として省みられず，相も変わらず，同じような観点で問題にとらわれ，問題発生の悪循環の渦の中に取り込まれていると考えるのである。

例外への注目

ソリューション・フォーカスト・アプローチでは、その「例外」に注目し、その例外を大きくしていくことを考える。つまり、問題行動や症状を形成する悪循環を解消することを考えるよりも、日常の中で起こっている良好な「例外」を見いだし、それを大きくしていこうとするものなのである。

このアプローチでは、スケーリング・クエスチョンといわれる質問を効果的に使う。

スケーリング・クエスチョン

「一番ひどい状態のときを0，もう大丈夫と思える状態を10とすると，今はどのくらいですか？」

それに対して、クライエントは「そうですね。3くらいかな」と答えたとする。

「そうすると，最悪の状態よりは2段階よいわけですね。どのあたりがよくなったのでしょうか？」

「うーん，朝が多少，早く起きられるようになりましたね」

「他には？」

「そうですね。昨日は，久しぶりに，犬の散歩をしました」

「気持ちがよかったですか？」

「ええ，気持ちがよかったです」

「朝，犬の散歩をすると，気持ちがよいのですね？」

「そうですね」

「では，これから，1週間，朝，犬の散歩をしてみませんか？」

こんなふうに、クライエントがすでに知らず知らずのうちに行っている解決、いわば例外を発見し、それを拡大していくのである。

コーピング・クエスチョン

このほかに、コーピング・クエスチョンというテクニックがある。

「（例外やよい変化が語られたとき）一体どのようにして行ったのですか？」

「どうやってこのたいへんな状況をなんとかなってきたのですか？」

このような問いかけによって、解決法を浮き彫りにしていくのである。

ミラクル・クエスチョン

彼らの技法でしばしば使われるのがミラクル・クエスチョンである。

「ここでちょっと変わった質問をしたいと思います。少し想像力がいるかもしれません。夜，寝ている間に奇跡が起きて問題が解決してしまうとします。翌朝，その奇跡が起きたことがどんなことでわかりますか？」

このような技法を駆使しながら，例外を拡大したり，具体的な治療目標を設定したりするのである。

(3) 非行臨床への適用——コンサルテーションでの活用

このソリューション・フォーカスト・アプローチは教師とのコンサルテーションで大きな効果をもたらす。教師に今までにうまくいった「例外」を話してもらうことで，「例外」に目を向けてもらい，勇気づけるのである。そして，自分のやり方に自信を持ってもらい，教師をとにかくサポートするのである。

非行問題で課題を抱えている場合，教師は自信をなくしている場合がほとんどである。教師に自信を持ってもらい，やる気になってもらうことこそが大切なのである。

その際，コンプリメント（compliment）を効果的に行う。コンプリメントとは簡単にいうと「ほめること」である。教師のよいところを見つけてほめる。これが直接コンプリメントだとすれば，「教頭先生は先生（当該教師）のことを熱心な先生だと言っていましたよ」などというほめ方は間接コンプリメントということになろう。直接コンプリメント，間接コンプリメントをうまく混ぜ合わせながら，ほめるのである。

家族療法はポジティブ・リフレーミングとコンプリメントを駆使するところに特徴がある。このような技法を駆使しながら，好循環を生み出していくのである。

Ⅱ 精神分析とユング心理学

1 非行臨床と精神分析

(1) 自我防衛論と非行行動

　S.フロイト（Freud,S.）は自分（自我）が受け入れられない欲動や体験などを意識から排除するメカニズムを解明した。これは抑圧というメカニズムである。意識から排除しても完全に消えてなくなったわけではない。それらは無意識の領域に放り込まれるのである。そして，それらは無意識の領域にとどまり，しばしば神経症などの問題を引き起こす要因となるのである。

アンナ,O.の症例
　フロイトが後に精神分析を確立する土台になった症例を紹介したい。アンナ,O.の症例である。これはフロイトではなく，フロイトの先輩に当たる医師，J.ブロイアー（Breuer, J.）が扱った症例である。
　アンナは当時，コップに口をつけて水を飲むことができないという症状に苦しんでいた。理由はなぜだかわからない。しかたなく，水分は果物によってとっていた。ところが，この症状が消失する出来事が起こった。
　アンナは催眠状態の中で，突然，ブロイアーに次のようなことを語ったのである。
　「自分にはイギリス人女性の家庭教師がいる。わたしはこの婦人が嫌いだ。ある日，この女性の部屋に行ったら，この女性がかわいがっている小犬が『コップに口をつけて』水を飲んでいる光景を目撃した。その瞬間，あんなはしたない振る舞いはすまいと思った。何とも言えない不快感！　わたしはそのときの不快感を誰にも一言もしゃべらなかった」
　このことをきっかけに，アンナは今までに心にわだかまっていた不快感をあらいざらいブロイアーにぶちまけた。そして，急に「水が飲みたい」と言い出した。コップで水をがぶがぶ飲んだアンナは，コップに口をつけた状態で催眠から覚めた。その後，この「コップで水が飲めない」という症状は消失したのである。

「この方法（症状の意味を含んでいる無意識過程を患者に意識化させる方法）はブロイアーが最初に発見した。この方法は今日でも精神分析の基礎になっている」（乾，1977）。

これは後にフロイトが精神分析をうみだしていくうえで重要な症例となった。

フロイトは無意識の領域に追いやられたものを意識化すること，すなわち，意識の光を当てることによって，神経症は治癒されると考えた。無意識下に追いやられた，いわば闇の怪物を意識によってしっかりと見据えることで神経症は治ると考えたのである。

ただし，フロイトは抑圧されることはもっと幼少期の体験であること，性的なものの抑圧が重要になることを強調していく。

(2) 症状あるいは問題行動の意味と自我の防衛機制

さて，もう一度，症状の形成過程を振り返ってみよう。

コラム　こころの仕組み

フロイトはこころの仕組みを，エス，自我，超自我という3つの領域によって考えた。

エス（es）とは本能衝動の源泉をいう。イド（id）ともいう。本能衝動がわき起こるふつふつとした釜のようなものを想像してもよいかもしれない。

超自我（super ego）は，簡単にいうと良心の機能を果たすところである。自分自身を監視するところであり，好ましくないことに対して「いけない」という禁止の命令をくだすところである。これは両親をはじめとする社会的な諸規範が個体の精神構造に内在化したものと考えられる。また，超自我には自分がこうなりたいという理想を形成する機能もある。

自我（ego）は，人格の中枢にあってさまざまな精神機能をつかさどるところである。エスと外界を調整したり，エスと超自我を調整したりする。

さて，これらを比喩を用いてわかりやすく考えてみる。例えば，幼児がプラットホームで排便がしたくなったとする。「ウンチがしたいよ」というと，親は「ここでしちゃだめだよ」と言い，トイレに連れていくことだろう。大人になるとどうか。プラットホームで排便がしたくなってもそこで座り込んで用を足すことはしない。かたわらに親がいなくてもそうである。親が「そこでしてはだめ」と言わなくても，こころの中で「そこでしてはいけない」という禁止の命令を発するからである。それは，親の禁止機能がこころの中に取り入れられたからだと考えられる。これが超自我なのである。

そして，自我は排便の欲求と超自我の禁止「ここでしてはいけない」という命令を調整し，「トイレに行って用を足そう」という合理的な行動を選択するのである。

アンナはコップで水を飲めなくなっていたが，催眠状態の中でブロイアーに，嫌いな家庭教師の飼っている犬がコップで水を飲んでいたところを見たこと，それが非常に不快であったことなどを話し，症状がとれてしまう。この症状は抑圧によって生じたと考えられるのである。この抑圧も含めて，自我が自らを守るために行うメカニズムを自我の防衛機制と呼ぶ。つまり，「自我が不安や葛藤，あるいは受け入れがたい感情体験などを処理するのが『防衛機制』である」(牛島，1996)。

自我の防衛機制には抑圧の他に，退行，昇華，反動形成，投影，合理化などがある。自我の防衛機制については表3-1を参照されたい。

さて，ここで問題になっている症状とは一体どのようなものなのか。症状はその人にとって苦痛の種だったり，円滑な生活を妨げるものだったりする。つまり，社会適応を妨げるものである。端的にいえば，本人にとって嫌なものである。早く取り去ってもらいたいものである。この点については異論がなかろう。

しかし，ここで見方を少し変えてみたい。

なぜ症状が形成されるのか。

それは自我が耐えられないような体験，あるいは自我が耐えられないような欲動などがあるからである。自我が耐えられないがゆえに，それを抑圧したり，その他の防衛機制を使って自我を守るのである。その結果，症状が形成される。これは見方を変えれば，自我は症状を形成して自らを守っているといえる。

(3) 自我防衛論と非行臨床

ここでは「自我は症状を形成して自らを守っている」ことに注目してみたい。

非行のある子どもを想定し，症状を非行行動に置き換えて考えてみることにする。

自我は症状を形成して自らを守っているとしたならば，この非行少年は「非行行動によって自分（自我）を守っている」と考えることができるだろう。

では，その子どもが非行によって自分の何を守ろうとしているのか。それを考えていくことは非行臨床家にとって大きな意味を持つのではないだろうか。筆者の非行臨床論はまさにここに基本的な立脚点を置いている。

事例　母子家庭の子どもばかりの非行グループ

主に粗暴行為を繰り返す14歳の少年のケースである。彼と面接を繰り返すうちに，彼の所属する非行グループが母子家庭の少年ばかりのグループである

表3-1　おもな防衛機制（神経症的防衛）（前田，1985）

種類	内容	意識のレベル	病的	健康者
抑圧	苦痛な感情や欲動，記憶を意識から閉め出す。	抑圧（禁圧）　臭いものにフタ	○	△
逃避	空想，病気，現実，自己へ逃げ込む。	回避　逃げるも一手	○	△
退行	早期の発達段階へ戻る。幼児期への逃避。	童心に返る	○	○
置き換え（代理満足）	欲求が阻止されると，要求水準を下げて満足する。	妥協する	△	
転移	特定の人へ向かう感情を，よく似た人へ向けかえる。		○	△
転換	不満や葛藤を身体症状へ置きかえる。	もの言わねば腹ふくるる	○	
昇華	反社会的な欲求や感情を，社会的に受け入れられる方向へ置きかえる。			○
補償	劣等感を他の方向でおぎなう。	碁で負けたら将棋で勝て		○
反動形成	本心とウラハラなことを言ったり，したりする。	弱者のつっぱり	○	△
打ち消し	不安や罪悪感を別の行動や考えで打ち消す（復元）	やり直し	○	△
隔離	思考と感情，感情と行動が切り離される（区分化）		○	
取り入れ	相手の属性を自分のものにする。同化して自分のものとする（取り込み）。	相手にあやかる	○	○
同一視（化）	相手を取り入れて自分と同一と思う。自他未分化な場合は一次的同一化（→融合，合体）	真似	○	
投射（投影）	相手へ向かう感情や欲求を，他人が自分へ向けていると思う。	疑心暗鬼を生ず	○	
合理化	責任転嫁	いいわけ	○	△
知性化	感情や欲動を直接に意識化しないで，知的な認識や考えでコントロールする。	屁理屈	○	△
逆転	感情や欲動を反対物へ変更する（サド→マゾ，のぞき→露出，愛→憎）		○	
自己への反転	相手へ向かう感情や欲求を自己へ向けかえる（対象愛→自己愛，対象への攻撃→自己攻撃）	天に向かってツバを吐く	○	
自己懲罰	罪悪感を消すために，自己破壊的な行動をする。	罪滅ぼし，つぐない	○	
合体	相手にのみこまれる。象徴的な同化（融合）	一心同体となる	○	△
解離	人格の統合が分離してしまう。		○	

○…用いられる　△…用いられる場合もある

ことが浮かび上がってきた。面接の中で彼はこう言ったのである。
「親父のいない気持ち（苦しみ）は，普通の家庭の奴らには絶対わからない」
この気持ちを理解してくれるのは，このグループだけだというのである。

このグループは一般的にいうとよくないグループである。しかし，彼にとってみれば，自分の気持ちをわかってもらえる唯一のグループであり，倒れそうになる自分を支えてくれるのもこのグループ。この非行グループに所属し，同じような非行行動を取ることによって，いわばこのグループに支えられて，彼はようやく立っていられるのである。
だとするならば，彼のこの気持ちを理解し，他に支えてくれる存在ができれば，このグループに頼らずにすむわけである。このケースでは，非行臨床家はそういう存在として機能することが重要になるのではなかろうか。
さて，少年が「非行行動によって守る」対象をその子どもの内面だけでなく，家族へと拡大してみよう。
その非行少年は，非行によって，家族の何かを守ろうとしているのではないか。それはいったい何なのか。
こう考えていくことで，家族支援的なアプローチへとつながっていく。

事例　非行をして捕まるときだけ家族が家族になる

12歳の少年である。万引きなどを繰り返し，何度も警察に捕まることを繰り返している。きょうだいはいない。彼の父母は不仲で，普段はほとんど口をきかない。彼によれば，家族はバラバラである。そして，彼が警察に捕まり，親が引き受けに行ったときだけ，「俺のことで，父ちゃんと母ちゃんは話をするんだ」と言う。

彼は非行によって家族が崩壊するのを防いでいるといえないだろうか。我々は彼の内面に，このような無意識的な動機があるのではないかと考える。しかし，早い段階で，このような解釈を入れても，彼は受け入れないだろう。場合によっては一笑に付されるだけである。
筆者はねばり強く面接を繰り返しながら，信頼関係ができあがった段階で，「きみは，非行をすることで，家族がバラバラになるのを防いでいるみたいだね」という解釈を入れた。
彼は少し微笑んで深くうなずいた。それから彼と筆者との信頼関係はいっそ

う深まり，彼は家族に対する思いをさまざまに話し始めたのである。

彼のこの思いを家族に伝えたところ，父母も彼に対する見方を変え，自分たちの姿勢を改める方向で変化したのである。このように精神分析的カウンセリングでは解釈を入れる時期とタイミングが非常に重要になる。

非行行動は悪いものだから除去してしまえという考え方もあろう。

しかし，自我防衛論から導かれる考え方はそうではない。非行行動も自我を守っているという考え方である。

非行行動は完全な悪であろうか。筆者はそうは考えない。非行行動によって守られているものが必ずある。例えば，非行集団は一般的には悪の集団である。

コラム　　衝動的性格（W. ライヒ）

ライヒ（Reich,W.）は，自我構造に著しい欠陥を持ち，外界とたえず葛藤するような行動を繰り返すような人々，例えば典型的な反復強迫にある神経症者，間欠的に犯罪を犯す反社会的な人々，組織的に自己破壊的に振る舞い自分の生存を困難にする人々，自我が完全に幼児状態にとどまっている人々，といった無抑制的な衝動的人物は，ひとつの固有のカテゴリーをつくっているとし，このような病像をF.アレキサンダー（Alexander,F.）にならって衝動的性格と名付けた。これは診断的にはO.フェニッヘル（Fenichel,O.）のいう衝動神経症のような行動化の強い神経症，境界例，精神病の一部と考えられている。

衝動的性格には，抑圧欠損とは違う心的葛藤のダイナミックスが働いており，ライヒは超自我の孤立というメカニズムによってこれを説明する。すなわち，衝動抑制的な神経症者では，超自我は自我と，〈有機的〉に解け合っているのに対し，衝動的性格では，超自我が自我から隔絶されている。そのため自我は，一方では超自我に奉仕する形で（衝動抑制的神経症者のように）エスに対して身を守りながら，他方ではエスに奉仕する形で超自我に対して身を守る。この二重の闘い（二重の逆備給）が，衝動性の激しい分裂性を形作るのである。そして，衝動的性格は，愛に基づかぬ禁止，広範な衝動満足に対する禁止の欠如と外傷的な断念の強制という矛盾した養育態度の中で形成される。衝動抑制的な神経症的性格では，衝動の断念が自我理想への同一視とともに行われるがゆえに，超自我と自我は有機的に融合しているのに対し，衝動的性格の形成過程では，一方では衝動満足に対して放任の態度をとりながら，他方でささいなことも叱りつけるといった，首尾一貫しない矛盾した養育態度を受けるがゆえに，子どもは鋭いアンビヴァレンスの中で孤立した超自我を形成するというのである。

この考え方は凶悪事件を生起させるメカニズムを理解するうえで有益だと思われる。

しかし,前述の事例のように,一人では立っていられないような少年たちが集まって集団を形成しているとしたならば,少年たちは非行集団によって支えられていることになる。では,集団によって何が支えられているのか。それが問題なのである。その手当てをいかに行うかこそが,非行臨床の仕事ではないだろうか。

非行行動は否定的側面のみに非ず,非行少年にとっては必ず肯定的な側面を有している。非行行動によって守られているもの,支えられているものは何なのかを理解していくことこそ,重要なことではなかろうか。

非行行動の肯定的側面を理解していく考え方は,ユング心理学の中にも認められる。

次に非行臨床とユング心理学について考えていきたい。

2　影の臨床心理学──非行臨床とユング心理学

(1) ユング理論における家族

フロイトと並んで今日の臨床心理学の発展に多大な足跡を残したのがC.G.ユング (Jung,C.G.) である。ここでは,ユングの考え方についてふれてみることにする。

個人的無意識と普遍的無意識

精神分析の始祖フロイトは無意識を重要視したが,フロイトの考えた無意識とは個人的無意識である。つまり,その人が過去に体験したものがなんらかの理由で無意識の中に蓄積されると考えたわけである。

これに対し,ユングはさらにその底に生来的な無意識の層があるとして,これを普遍的無意識(集合的無意識とも呼ばれる)として捉えた。そこには人類に共通した,あるいは民族に共通したイメージや行動パターンを生み出す何かがあると考え,それを元型と呼んだ。元型の種類としては母なるものの元型(グレート・マザー),老賢人,ペルソナなどがある(74ページコラム参照)。

ユングは父なるもののイメージ,母なるもののイメージ,男性のこころの中に現れる女性イメージ,女性のこころに現れる男性イメージなど内的なイメージを大切にする。

ユングにおける家族とは,現実の家族もさることながら,このようなこころ

の中にある父親，母親，自分の影の部分など，内的な家族とのかかわりが重要となる。

決定論（フロイト）と目的説（ユング）

　フロイトは過去に原因を求める。過去に原因があったからこそ現在の問題，症状などが生じると考える。これは過去が現在を規定するという決定論の考え方である。

　これに対してユングの考え方は目的説と呼ばれている。ユング派の人たちは，クライエントがこれからどのように進んでいくのか，どこへ向かっていこうとしているのか，また，何が障害となって目的へ進むことができなくなっているのか，といったことを考える。これは目的説の考え方といわれている。フロイト派の考え方を過去志向と考えるならば，ユング派の考え方は未来志向と考えてもよいかもしれない。

　なぜこのような考え方の違いが生まれるのか。

　それはユングが個人的無意識の下に普遍的無意識という人類や民族に共通する無意識の層を考えるからである。

　下の図を見ていただきたい。

　フロイトのこころの中心には自我がある。しかし，ユングの考える自我は意識の中心にほかならない。意識と無意識を含めたこころの中心には自己（self）

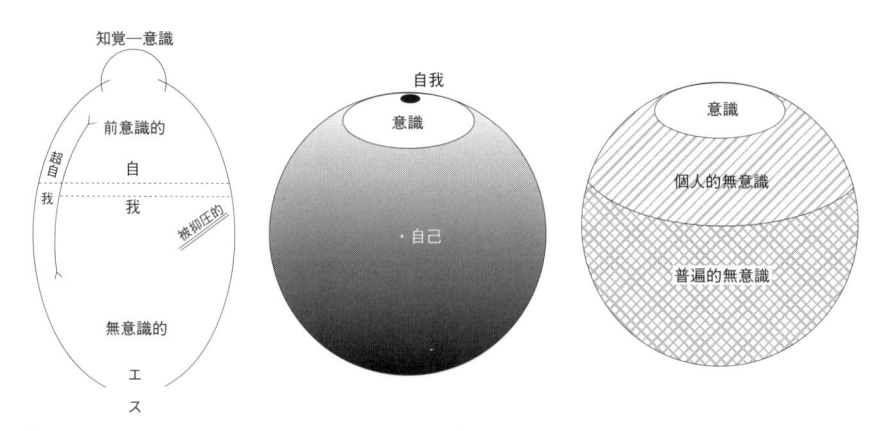

図3-4　フロイトによるこころの構造
（前田，1985）

図3-5　ユングによるこころの構造Ⅰ
（河合，1994a）

図3-6　ユングによるこころの構造Ⅱ
（河合，1994a）

を考えるのである。

　個人的な体験の底には人類共通の要素の層，普遍的無意識の層がある。つまり，個人的な体験すなわち過去に目を向けることもさることながら，その下には人類共通の層が存在している。人間の言動はそのような層に大きく影響を受ける。しかもその層のほうがはるかに大きいのである。単なる過去体験以上の存在なのである。

　また，ユング派はこころの全体性を重視するといえる。例えば，夢についての考え方として，夢の中にはその人の内面の状況が表現されるだけでなく，その問題状況の解決法も夢の中に示される場合があると考える。

　我々は普段ものを考えているが，意識の部分だけでものを考えているのではなく，無意識の領域でもものを考えている。このようにこころの全体的な動きを重視するのである。ところが困難な状況に至ると，意識は危機的な状況となる。無意識の領域では柔軟な解決法を考えているにもかかわらず，意識はそれを受け入れるだけの余裕をなくしてしまっている。このような場合，無意識の柔軟な考え方が夢に示されたりする。セラピストはクライエントと語り合いながら，そのような無意識の柔軟な考え方に気づくように援助するのである。

(2)　影と非行臨床

　ユング心理学の中で，非行臨床とかかわりが深いのは「影」の考え方である。
　河合（1994b）によれば，「影」とは「その人によって生きられなかった半面」ということになる。
　「人はそれぞれその人なりの生き方や，人生観をもっている。各人の自我はまとまりをもった統一体として自分を把握している。しかし，ひとつのまとまりをもつ，それと相容れない傾向は抑圧されたか，取りあげられなかったか，ともかく，その人によって生きられることなく無意識界に存在しているはずである。その人によって生きられなかった半面，それがその人の影であるとユングは考える」（河合，1994b）。
　「影」とは，言い換えれば「自分の意識では認めがたい自分で，たえず直接的，間接的に自分に迫ってくるすべてのことをいい……例えば，自分の認めがたい性格や劣等なところ，両立しがたい思いなど」（東山，2002）である。
　ここで東山（2002）の示す夢を手がかりに「影」を理解してみたい。

事例　順調にエリートコースを歩んできた男性の夢（東山，2002）

　大きな犬を連れて散歩している。雨が少し降っている。そこへ濡れそぼったみすぼらしい黒い小さな犬が自分にじゃれついてくる。はじめはそのまま放っておいたが，そのうちにチクチクと自分のアキレス腱をかみ始める。痛いのと

コラム　ユング心理学の基本概念

　さて，ここで主な元型を紹介しておこう。
(1) グレート・マザー（great mother）
　グレート・マザーは，あらゆるものを産み，育てる「母なるもの」の元型である。母性のもつ「包含」の機能には，「産み育てる」肯定面と，抱え込み「呑み込む」否定面の二面性があり，それは地母神と鬼母神に代表される。夢やイメージでは，大女神，ドラゴン，魔女，山姥，海，渦巻，洞穴，壺のような形で現れることもある。臨床的には，「ドラゴン退治」「肯定的母親像探し」などのモチーフが普遍的テーマとして見受けられる。
(2) 老賢人（old wise man）
　老賢人は，あらゆる社会的野望を乗り越えた悠々自適な仙人のような「父なるもの」のイメージとして現れる。天の「英知」輝く肯定面と，闘争や「横暴」に振る舞う否定的な面の二面性をもつ。男神，仙人，稲妻，雷鳴などのイメージで表現される場合もある。
(3) トリックスター（trickster）
　愚かな行為，おどけなどで秩序を攪乱・「破壊」するが，世界に新しい変化・創造をもたらす可能性ももつイメージとして現れる。童児神，いたずら者，ペテン師，道化，民話のたぬきやきつねなどの形で現れることがある。
(4) アニマ（anima）・アニムス（animus）
　こころの中に存在する異性イメージ。男性のこころの中の異性像はアニマ，女性のこころの中の男性像はアニムスと呼ばれる。
　ラテン語で「風，空気，呼吸，魂，生命力，精神」などの語源をもち，この異性像の発達が各人のこころの成熟に重要な働きをする。
(5) ペルソナ（persona）
　古典劇で役者がつけるマスク（仮面）を意味するラテン語に由来する。個人が外界への適応に必要とするこころの内部の組織，公的なパーソナリティを指す。
　人はそれぞれ性別・所属や場面に応じていくつかの役割を使い分け演じている（「学生風」「医者らしさ」「男らしさ・女らしさ」など）。ペルソナは「社会に向けた顔」といえる。ゆえに，ペルソナの欠如は，不適応などの社会からの批判を浴びやすいが，一方，ペルソナに同一化しすぎて，その個人の個性が発揮できない場合にも，こころの内面に盲目となり，他者との人間的な接触を妨害されることがある。なお，夢やイメージの中では，しばしば衣服や殻，皮，名刺など，身につけるもので表される。

腹が立ってきたのとで、けとばそうとか、連れている大きな犬をけしかけようかと考えたが、どこからかこの黒犬は自分にとって大切な犬だとの考えが浮かんで、そのまま、アキレス腱をかまれながら散歩を続ける。

　東山（2002）は、この黒犬がこの人の影を表しているというのである。
　人間はある生き方を選ぶと、それとは違う生き方はできない。彼が連れている大きな犬と比べ、黒犬はなんとみすぼらしい犬であろう。彼は自分の中のみすぼらしい嫌な部分を切り捨ててきたのだろう。あるいは、エリートコースを歩んできた彼は、従順で力のある部下を重用し、そうでない部下を切り捨ててきたのかもしれない。
　彼の無意識は、彼のこれまで順調だった人生に、暗雲が立ち込めだしたことを伝えている。今まで省みなかった自分や他人をこれ以上邪険にするとアキレス腱をかみ切られる目に遭うことを、夢は予感しているのである。
　このクライエントは、カウンセラーとこの夢を語り合うことによって、今まで弱い人、ダメな奴と思っていた人たちに対しての態度を変えた。その人たちこそ大切なのだと夢から悟ったからである。そして、周囲に対して親切になり、感情的に怒ることが大幅に減った。こうして人生の難局を乗り切ったというのである。その意味でまさに人生の転機になった夢である。
　つまり、「影」とは、その人が抑圧して無意識の中に排除した自分、意識として生きてくることができなかった自分ということになろう。この「影」を人生の中に統合することが大きな意味を持つというのである。
　さて、この「影」と非行臨床の関連性について検討していきたい。

「影」の投影
　「影」と非行臨床の関連を考えるうえで重要なものは投影という心理機制である。
　我々人間は誰しも影を持っているが、それを認めようとすることをできるだけ避けようとしている。その方策として最もよく用いられるのが、「投影」の機制であろう。投影とはまさに自分の影を他人に投げかけるのである。
　カウンセリングの場面では、影の話題がよく出てくる。自分の周囲にいる「虫の好かない」人を取り上げ、それをひたすら攻撃する。自分はお金のことなどあまり意に介していないのだが、同僚のAはお金にやかましすぎる。彼はお金を人生で一番大切と思っているのではないか、などと一生懸命訴えるのである。

彼は金のことならどんなことでもするのではないか，などというときに，その人の示す異常な熱心さと，その裏にちらりと不安感がよぎるのを，我々は感じるのである。このような話し合いを続けていくと，結局は，この人が自分自身の影の部分，お金の問題をこの人に投影していることがわかり，この人がもう少し自分の生き方を変え，影の部分を取り入れてゆくことによって，問題が解決され，Aとの人間関係も好転することが多いのである（河合，1994b）。

河合（1994b）は，この投影の理解についての一連のプロセスを「投影のひきもどし」と呼んでいる。これは「その人物に対して投げかけていた影を，自分のものとしてはっきりと自覚」することであり，「投影のひきもどしは勇気のいる仕事である」と締めくくっている。非行臨床においてもこの「投影のひきもどし」が重要な仕事になる。具体的に考えていきたい。

親から子どもへの投影——親の影を生きる子ども

非行臨床をしていて痛感するのは，親の影を肩代わりさせられている子どものケースが多いことである。いわば，親の影を生きている子どもたちである。

例えば，宗教家，教育者といわれる人で，他人から聖人，君子のように思われている人の子どもが手のつけられない放蕩息子であったり，犯罪者であったりする場合がある。警察官の子どもが非行少年というのもこれにあたる。

こういった親は自分の中の否定的なものを切り捨てて生きている。正しい生き方が強調されている分，影も深い。子どもはその影を生きることによって，家族中はバランスがとれている場合が少なくない。

親がこういった人格者ではなくても，非行少年には多かれ少なかれ親の影を生きる側面がつきまとう。

事例　エリートサラリーマンと良家の子女の夫婦

中2の男子のケースである。父親は一流大学を卒業した一流企業のサラリーマン，母親も良家の子女である。父母ともに海外生活の経験がある。父母の実家は双方ともに文化的に高い雰囲気をもっている。

一人っ子であるこの中2男子は，もともとは親のいうことをよくきく子どもだったという。父親はこの子どもへの対応は厳しく，激しい叱責と体罰もしばしばであった。この生徒は中2頃から急に親への反抗が激しくなり，いわゆる不良仲間と深夜あそび，早朝帰宅などを繰り返すようになったのである。自転車盗，万引きを安易に繰り返し，複数の傷害事件を引き起こすに至った。

彼は「はやく家を出て，友人と3人でとび職をして暮らしたい」と述べた。母親はこの少年の生活志向をまったく理解できないと嘆いた。

この少年には親の影を生きている姿が見て取れる。

事例　叔父との関連で子どもの非行を嘆く母

小3と小5の男子兄弟である。2人に家財持ち出しや万引きなどの非行行動が出てきた。カウンセラーが親と子どものカウンセリングを続ける中で，母親には犯罪を繰り返した弟（子どもからすれば叔父）がいること。母は弟への恐怖心が強く，いつも自分の子どもに対して「弟（叔父）のようになっては困る」と心配し続けてきたことが明らかになった。カウンセリングの中で，母親は弟（叔父）と子どもを重ねて見てしまうことを自覚し，子どもの非行行動は改善された。

この事例は，やや複雑な影の投影である。母親は弟に自分の影を投影する。それが，必要以上に弟を恐れるという思いに反映されている。弟を通して，いわば増幅された自分の影を子どもに投影していることになる。

影の投影と非行

では，なぜ影の投影と非行が関係するのであろうか。

親は自分の影を見たくないものとして，無意識の中に封じ込めている。ところが，子どもの言動に，これに関連するようなものが見て取れた場合，親は必要以上に，子どもの言動を「悪」とみなし，叱責等を繰り返すことになる。子どもにしてみれば納得のいかないことである。客観的には大して悪いことをしていないのに，必要以上に親から否定的な対応を受けるからである。

これは問題行動と激しい叱責の悪循環に拍車をかけることになる。

ここで重要になるのが，「投影のひきもどし」である。「ひきもどし」が成就するためには，親が自分の影を自覚し，自分の中に統合することをしなければならない。これは相当につらい仕事である。カウンセラーとしては，この「ひきもどし」を通して，親の成長を見守ることになる。そして，「投影のひきもどし」は，子どもに対して，影の呪縛からの解放を意味する。この解放を通して，子どもも成長するのである。

「投影のひきもどし」は大変につらく，場合によっては，親がそれを全うできないこともある。その場合は，子どもを守り，子どもに，その子らしい考え方，生き方をサポートしていくカウンセリングを行うことになろう。

投影の機制で少し複雑なのは,「白い影の投影」の問題である（河合,1994b）。個人の生きてこなかった反面は,必ずしも悪とは限らない。例えば,他人に対する親切さを抑圧して生きてきた人は,その「親切」という白い影を他人——例えば教師に——投影する。この場合も投影は現実を超えたものとなって,ほとんど絶対的な親切心をその教師に期待することになる。ところが実際にその教師が期待通りの親切さを示さないとき——そんなことはできるはずはないのだが——,すぐにその人を不親切な人だと言って非難する。このようなことは案外多い。白い影の投影は他人によい面を期待するように見えながら,結局はその人をすぐに攻撃することになるが,その際も,当人は自分の責任ということ,自分の影を背負うことについては,まったく無意識であることが特徴的である（河合,1994b）。

　このように理想化した対象を相手に投影し,結果的に,その相手に裏切られた思いを強くして攻撃するというのは,非行少年に頻繁に認められることである。第2章で述べた二次元的非行性理解において,自我の不安定な状況を示すひとつの指標でもある（31ページ(4)参照）。

投影同一化

　この過大な期待と攻撃に近似したものに,極端な投影同一化がある。これも上記のような自我の不安定さを示すひとつの指標である。

　投影同一化の概念をよく用いるのは,ユング派よりもフロイト派,それもクライン派や広義の対象関係論の人たちである。しかし,投影に関する事項であるので,ここで紹介させていただく。

　それでは,極端な投影同一化の事例を見ていこう。

事例　生徒の思い込みに巻き込まれる教師
　ここでは,学校での実際の心理臨床活動を取り上げてみることにする。
　次に示すのはある教師と女子生徒との会話である。女子生徒が教師をつかまえて相談を持ちかけている場面と考えていただきたい。
　女子生徒「先生はわたしのこと,嫌いなんでしょう」
　教　　師「そんなことないよ」
　女子生徒「いや,きっとそうだ。大嫌いなんだ。わたしのことなんてどうでもよいと思っているんだ。相談なんてしてほしくないんでしょう」
　教　　師「なぜ,そんなことをいうんだ。生徒に対する気持ちはみんな同じ

だよ。わけへだてなんてしてないつもりだ……さて，これから会議があるから，いかなくちゃいけないんだ。明日ゆっくり話を聞くよ」
女子生徒「ほら，やはりわたしのことを嫌いなんだ。もういいよ。わたしなんて死んでもいいと思ってるんだ」
教　　師「そんなことないよ。じゃあ，今から話を聞くから。準備するから……ちょっと待ってなさい」
女子生徒「わたしのこと大嫌いな先生になんか，話を聞いてほしくないよ。T先生に相談にのってもらうから，もういいよ」
教　　師「そんなに言うんだったら，勝手にしろ」
女子生徒「ほら，先生，わたしのこと怒ってる。やっぱりわたしのこと怒ってるじゃないの。先生なんて大嫌い。死んでしまえばいいんだ」

どうだろうか。この教師は女子生徒に翻弄されてしまっている。
　最初はこの女子生徒に対して敵意も怒りももっていなかったにもかかわらず，生徒の強い思い込みの中で，結局，「生徒に怒りを向けている悪い先生」にされてしまったのである。つまり，生徒の自己中心的な独り相撲に教師が強力に巻き込まれてしまったといえる。生徒の強い思い込みの中で，生徒自身がいだく相手（教師）への否定的な表象が，いつしか生徒の思い通りに（教師の中へ）投影され，教師をそのイメージの方向へ動かしてしまっていることが見て取れる。そして，彼女は実際に教師に攻撃を向けている。
　ここでは，生徒の持つイメージや感情が教師に投影され，しかも映し重ねられることが強調されている。つまりここには，自分のこころの中と現実との区別がつかなくなっているプロセスが示されているといってよい。これは原始的防衛機制のひとつである。
　筆者の印象では，最近の学校現場では，反抗するというよりも，このように自己中心的な独り相撲に相手を巻き込んで，激しい暴力を振るう生徒も増えてきている。
　では投影と投影同一化はどのように違うのであろうか。
　松木（1996）によれば，例えばO.カーンバーグ（Kernberg,O.）らの立場では「投影ではそれが向けられた対象は反応しないが，投影同一化ではその受け皿に影響が出る」という。また，J.グロットスタイン（Grotstein,J.）の立場では「投影同一化は欲動と結びついている自己部分を扱う機制であると（して），投影と投影同一化を区別していこうとする」。しかし，松木自身は「投影と投

影同一化を同義に用いる」(松木, 1996) 立場に立っている。松木の立場に立てば、この例のような機制は、「相手のコントロールを目指した投影の例」(松木, 1996) ということになろう。

(3) 親離れと非行

さて、話題を影の問題に戻したい。子どもは親から何が正しいことで、何がよくないことかを聞かされる。どのような生き方が正しく、どのような生き方が間違っているかについても聞かされることになる。ところが、青年期に入って、今まで正しいと思っていたことに疑問を持つようになる。これは、「影の侵入」(河合, 1994b) でもあり、アイデンティティの模索でもある。

親の言う正しいこと以外に、世の中には正しいことが存在するとして、親に反抗したり、親の言動の中に、影を見いだして、「言っていることとやっていることが違う」と親を責めたりする。

この反抗として、非行行動が行われることが少なくない。この非行行動には親離れの意味が強い。非行行動を通して、成長していく場合もあることを付け加えておきたい。

3 箱庭療法

(1) 箱庭療法とは

箱庭療法は、内法57×72×7センチの砂箱にミニチュアの玩具で小世界を構成する表現活動である。イギリスのM.ローエンフェルト (Lowenfeld,M.) が子どものための治療技法として発表した世界技法 (The World Technique) をユング派の心理療法家のD.カルフ (Kalff,D.) が発展させ、表現療法のひとつとして理論づけたものである。

日本へは河合隼雄が1965年に箱庭療法と訳して紹介し、子どもから大人まで広く適用されるに至っている。

砂箱の内側は青く塗られており、そこに砂が底から3分の2程度まで入っている。青く塗られているのは、砂を掘って底の青い部分を露出させれば、川や海、湖などを容易に表現できるからである。

玩具は、人、動物、植物、乗り物、建造物など、さまざまなミニチュア玩具を用意する。既製の玩具だけでなく、石、タイル、木切れ、貝殻、などなんで

も役に立つ。
　セッティングとしては，プレイルーム，あるいは面接室の一角に砂箱と玩具棚を置いておく。

導入
　制作は治療の流れの中で被治療者の自由な表現意欲に応じて行われるものであり，つくることを強制するものではない。
　「ここにある玩具でこの中に好きなものをつくってみるものです。やってみますか？」「これで遊んでみる？」などと言葉をかけて導入するのもよい。

治療者の基本姿勢
　治療者は二者の関係の中で最も自然に感じられる位置にいて，制作中は干渉せずに，表現されていく過程をともに味わいつつ，受容的な態度で見守る（木村，1985）。
　木村（1985）によれば，箱庭療法についてのカルフの理論の特徴は次の2点に示されるという。
　ひとつは，治療者・被治療者の関係を重視し，二者の間には母親と子どものつながりに見られるような基本的な信頼関係が成り立つことが治療から成長へと進む前提になると考えることである。治療者に見守られて，「自由で保護された空間」を感じるとき，人は深い部分からわき上がってくる内的なイメージを「世界」として表現し，その体験を重ねることで自ら気づき，変化していくことができる。
　いまひとつは，表現されたものを見るとき，そこにユングの分析心理学の考えを導入することである。作品にあらわれる数々のテーマや場面，玩具などの意味を，ユングのいう心像や象徴として捉えていくことが，治療のための有効な手がかりとなるとしている。

(2) 非行臨床の特殊性

　ここでは，ダブルロールの問題を念頭において，非行臨床への箱庭の適用を検討してみたい。
　第2章17ページで述べたように，非行少年の治療についてはダブルロールという「古くて新しい」問題がある（第6章も参照されたい）。
　箱庭の非行臨床への適用を検討するにあたって，筆者はこのダブルロールの

問題をさらに次の2つの具体的な問題として考えてみることにした。

　第1は，ダブルロールを行動制限，つまり枠を与えることと，自由を与えることの問題として考えることである。第2は，ダブルロールの問題を「行動化に対する対応の問題」として考えることである。

(3) 枠と行動化（アクティング・アウト）

　村井ら（1987）は，「少年事件に箱庭を活用するに際して最も配慮を要する困難な事柄は，アクティング・アウトをいかに御していけるかということである」と述べている（以下，行動化とアクティング・アウトを同義に用い，行動化と記す）。

　行動化とは「多くの場合，衝動的で，主体の通常の動機付けの大系とは比較的つながりがなく，主体の活動の傾向からも比較的隔たりがあり，しばしば自己ないしは他者に対する攻撃性を帯びる諸行動。抑圧されたものの浮上のしるし」（ラプランシュら，1977）とされている。行動化の特性として，衝動的で，自他に対する攻撃性を帯びた行動であることがあげられ，非行行為自体もまた，多分にその要素を含む。行動化を伴いやすい非行少年に箱庭を実施することは，非行少年の行動化を強化してしまうのではないかという危険性が危惧されることとなる。例えば，箱庭で暴力的なシーンをつくった場合，この暴力のテーマを現実生活で展開しないか，そのような行動化を誘発しないかといった不安が生じるのである。村井ら（1987）は，この危険性を指摘し，それに対して，箱庭の「枠」に注目している。この「枠」とは，砂を入れる箱の外壁ともいうべき「枠」である。村井らは「箱庭の枠は，本来自我領域を守るとりでの意味を持つが，非行少年の箱庭は，砂箱の枠を突出するかのような強力な動きを，直

図3-7　枠づけ法（フリーハンドで枠を描いてクライエントに提示する）

線的に示す作品が現れやすく，力の運動が目立つ」とし，枠の問題に注目することの大切さを強調している。

枠の効果

では，枠にはどのような効果があるのだろうか。中井（1970, 1972）による描画の枠づけ法の検討から，（描画の）枠には「クライエントを保護すると同時に，表出を強いるという両価性がある」ことが指摘されており（例えば，皆藤，1992など），箱庭における枠にも同様な意味があることが考えられよう。

枠づけ法とは，セラピストがクライエントに提示する紙にフリーハンドで四角い枠を描いて渡し，その中に描画させる方法である（図3-7参照）。

さて，これに関連して病態水準の重い症例の場合に，独自につくられた枠強調砂箱が臨床場面で用いられている例がある（武野，1985）。この枠強調砂箱は，標準の大きさを「1割縮小し高さだけ高くした」（武野，1985）もので，枠の強調である。この場合の枠は「表現を強いるというよりもむしろ逆にそれを抑制する効果の方が強く，だからこそ分裂病者にとっては保護的でありうる」という。また井原（1996）によれば枠を強化することは，イメージの世界としての箱庭の存在を強化し，実際に現実としてある世界との距離をおく効果があるのだという。この見解に従うならば，枠を強化することによって，行動化を起こしやすいとされる非行少年に対し，箱庭での体験を現実生活へ持ち込むような行動化を抑止する効果が期待できるのではないだろうか。

このように行動化と枠についての配慮は非行少年への箱庭の適用を考えるうえで大きな課題となると筆者は考える。では，どのように枠を強化すればよいのだろうか。ダブルロールをどのように考えればよいのだろうか。

(4) 非行臨床における箱庭の実際

筆者は長年，家庭裁判所で非行少年に箱庭療法を適用してきた。ここでは，筆者の行ってきた箱庭の事例について論じてみたい。

事例　16歳女子　シンナーの密売

〈事例の概要〉

L子（16歳，女子）。すでに女子少年院を経験している少女である。少年院を仮退院して約1カ月で，再び少年鑑別所に入った。この2度目の観護措置から筆者が初めてL子とかかわりを持った。その際の非行は有機溶剤（いわゆる

シンナー）の密売である。審判で試験観察に付され，筆者は箱庭療法を適用した。
〈家族関係〉
　父（52歳，建築事務所経営），母（49歳，無職），姉（18歳，大学生），父方祖母（72歳，無職），L子の5人暮らし。兄（公務員，20歳）が別居している。父は「いわゆる暴君，家族に対して暴言や暴力的対応で支配している」（L，母親の話）。また，父は性格が非常に堅い。一方，母は「自分の気持ちをきちんと表現できない弱い性格」（母親の話）である。
〈試験観察と箱庭の経過〉
箱庭への導入

　図3-8, 3-9を見ていただきたい。これは試験観察決定の後，第1回目の面接時につくった箱庭である。
　L子はまずトンネルを置き，汽車がトンネルの中に入っていくところを造った。子どもや動物がいて，子どもがキリンに話しかけている。またシマウマが倒れていて，医者がそれを診ている。「森」という題名を付けた。
　筆者はこの箱庭を見て，そこには自分の非行や試験観察についての気持ちが素直に表れているように感じた。
　傷つき病んだシマウマとそれを診てい

図 3-8　倒れたシマウマを医者が診ている。汽車がトンネルに入っていく。

図 3-9　シマウマを診る医者

る医者という表現である。筆者には，L子が，自分に何か悪い部分，病んだ部分があることを自覚しており，それを治したいという気持ちがあるのだと思えた。また，「汽車がトンネルに入っていく」表現はどうだろうか。筆者（家裁調査官）とL子を乗せた汽車がトンネルに入っていく，まだ出口がみえないし，レールもきちんと敷かれていない，そういう不安感が表現されているように思えた。しかし，このような不安の背景として，L子には，筆者との旅が始まったという気持ちがあるのではないだろうか。そういう意味では，まさにこれから旅が始まる期待と不安の表れとも理解された。筆者はこの箱庭を深く味わいながら，そんなL子の気持ちを支えていこうと思ったのである。

非行的ダブル・バインド1
　第3回目の面接時，母子のコミュニケーションの問題が露呈する。
　この日，母親は欠席し，L子のみの面接になった。母親から出席しない旨の電話連絡が入ったが，そのとき，母親は「L子は無免許なのにバイクを購入した。しかも無免許運転で警察に捕まってしまった」「ひどくショックを受け，そのショックで職場を休み，解雇されてしまった」ことなどを筆者に話した。そして，その後，「このようなことを私が話したことは絶対に秘密にしてほしい」と付け加えたのである。
　非行臨床においては，このような親の対応がしばしば認められる。親は陰口として，子どもの生活の乱れを調査官に訴え，かならず最後に「このことは私（親）が言ったことを秘密にしてほしい」というのである。すると，調査官としては，子どもの生活の問題を認識したにもかかわらず，それに対して，何も対応できなくなる。なぜなら対応すれば，親から聞いたことが露見してしまうからである。これはある種の病理的な構造を作ってしまう。親はただ言いたい放題に子どもの悪口を言い，しかも，調査官は子どもの生活改善に着手できない構造になってしまうのである。これは調査官のストレス状況を悪化させ，調査官をダブル・バインド状況に追い込む。すなわち，一方で調査官は親から「子どもに生活改善をさせろ」との指示を受けながら，他方で「それをしてはいけない」というメッセージを受け取るからである。このような親の態度は頻繁に認められることから，これを筆者は非行的ダブル・バインドのひとつと考えている。
　この母親は弱腰で自己主張ができない。おそらく，この母親は家庭やL子本人に対しても，これと同じようなダブル・バインド的なメッセージを送り続けているのではないかと考えられた。だとしたならば，このような母親の姿勢自

体を改善することが，L子の非行の立ち直りに大きな意味を持つと考えてもよいのではないだろうか。筆者は「今回に限り秘密とするが，次回からはL子の生活の乱れについて母親から聞いたことは，きちんと母親から聞いたこととしてL子に対応したい」と母親に注意を促した。この手当ては非常に重要だと考えている。

一方，L子の現実の生活は，この面接時から乱れ始めた。

L子のSOS

次に図3-10を見ていただきたい。

これは4回目の箱庭でつくったものである。これを見たとき，筆者は言葉では言い表せないような強いショックを受けた。

砂漠で子どもが泣いている光景である。砂を少し手でかき回し，そこに泣いている子どもの人形をぽつんと置いただけである。しかし，それは孤立無援で苦しんでいる彼女の状況を見事に表していた。

口数の少ない彼女は多くを語らなかったが，その日，母親から彼女の置かれているつらい状況が確認された。彼女は父親とぶつかり，どうにもならない深刻な危機状況にあったのである。

母親によれば，L子は5月の終わりに仕事を辞め，無職状態。非行傾向のある友人U子の家での外泊が続いている。「6月の初め頃，父親がL子の外泊に激怒した。一方的に怒鳴りつける人なので，ものすごくひどい怒り方だった。L子は荷物をまとめて出ていったが，私（母）には連絡を取っており，私が『帰っておいで』と言ったところ，5日くらいで家に戻った。その後，L子は父親と口をきかない。父親も故意にL子にこころを閉ざしている。険悪な状態」（母親の話）。筆者は母親にL子をサポートするようにアドバイスした。このときから，母親がL子に対して守る姿勢

図3-10 子どもが一人で泣いている。

を見せ始めたのが印象的であった。

問題の露呈　心理的な父親殺し――非行的ダブル・バインド2
　このような流れの中で9回目の面接で決定的なことが話された。
　面接の中で，L子は父親のひどい扱いをひとしきり吐露し，「父は，自分に逆らうものは絶対許さない人物。（自分の生活が乱れていることについては）私の生活がよくなると，お父さんは，俺が叱ったからよくなったのだ，と言うに決まっている。それは絶対嫌だ」と語ったのである。
　筆者は愕然とする。L子は「生活は立て直したい。しかし，生活がよくなれば，父親に屈服することになる。それは絶対に嫌だ」というのである。まさに非行の核心にあるコンフリクトが語られたという印象である。
　これはL子にとってはダブル・バインド状況を意味する。父から「立ち直れ」というメッセージと「父に屈服しろ」すなわち「屈服しないなら，立ち直るな」というメッセージを受けているのである。
　一方，母親も父親についての複雑な胸の内を吐露した。「父親が激怒し，ひどい言葉でL子を罵った。私（母）は，きっとL子は傷ついていると思う。私（母）は自分が父親（夫）から言葉の暴力を受けて，人格がボロボロに傷ついてきた」また「姑（L子の祖母）が自分につらく当たる」ことなども，ひとしきり吐露した。このように父親の言葉の暴力を嫌というほど知らされているので，母は，「L子が父からひどい扱いを受けて苦しんでいることが痛いほどよくわかる」「しかし，私（母）は消極的な行動しかとれない性格なので，ただ，おろおろするだけで，子どもたちからはきっと，父の味方なのだと思われているだろう。でもそれは違う」と語った。まさにこの家族の問題の核心が表現されたと筆者には感じられた。そして，母親がL子を守ろうとする姿がはっきりと現れたのである。

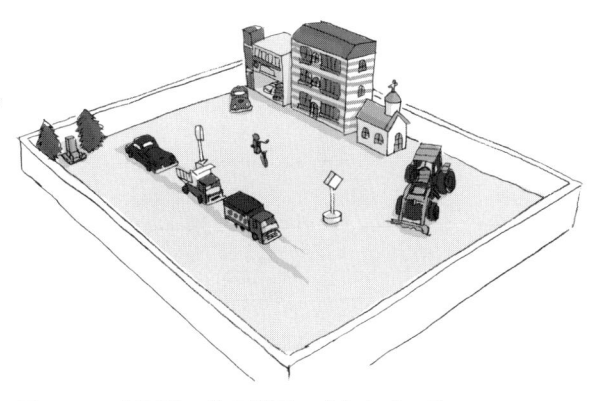

図3-11　左下隅に父の墓がつくられている。

この回の箱庭（図3-11）では，L子はパワーシャベルで公園を造っている光景をつくった。
　左下隅に墓が置かれており，「これは父の墓だ」と答えたことが印象的だった。題名は「街」。父を墓に埋めることで何とか父親との関係を処理しようとするL子の苦悩を感じるとともに，パワーシャベルで公園を造るという建設的な姿勢に何か肯定的な手応えも感じる。そして，この回からL子の生活が改善されていくのである。

母親の変化と家族の動き

　母とL子の変化は家族の変化を促した。まず，具体的な家族の変化は祖母の引っ越しから始まった。
　母は祖母（姑）とは不仲で，非常につらい思いをしていたと訴えた。祖母は過干渉で支配的であり，何かというと母を責めたという。母は自己主張できない性格なので今まで耐えていたが，円形脱毛症になり，我慢の限界を超えた。
　母の態度に決定的な変化が生じた。母親は，意を決して祖母に「子ども2人と3人で家を出る」と言ったのである。すると，祖母は非常に動揺し，「そんなことは世間体が悪いから，それならば私（祖母）が家を出る」と言ったのだという。それを聞いて父が「このままではだめだ。この住居は事務所専用にして，それぞれが城を持とう」と言い出した。「それぞれが『城をもとう』というのは非常に象徴的だと筆者には感じられた。「城」は守りの要であるからである。家族が大きく変化したことが印象的であった。
　その後，父方祖母は10月中旬に他県に引っ越していった。母もほっとしており，父も穏やかになったという。

魔物の住む森——初回の箱庭との対比

　12回目の面接での箱庭（図3-12）では，L

図3-12　汽車がトンネルから出てくる。2人の男性が魔物の正体を見に行こうとしている。

子は墓が置かれた森をつくった。そこには得体の知れない魔物が住んでおり，2人の男性がその正体を見に森に入っていく。危険なので医者と救急車が来ている。

この箱庭は第1回目の箱庭と深く関連している。構造が近似しているだけでなく，汽車の方向が正反対なのである。第1回目の箱庭と正反対に，トンネルから汽車が出てくるところがつくられている。そこに深い意味が感じられる。筆者は，L子が自分の問題の核心に迫っていく勇気を持ったのだと感じた。

このような経過をとおしてL子の生活は安定し，少年院に送致されることもなく，試験観察は終了した。事件は保護観察を続けるということで終了した。

非行臨床における行動化の受けとめ方

在宅試験観察に携わると，非行少年たちが立ち直っていく過程において，かえって生活が乱れることがあることをよく経験する。行動化の問題である。これは立ち直る前の産みの苦しみともいうべき生活の乱れである。したがって，生活が乱れている場合，それが立ち直りに向かうがゆえの生活の乱れなのか，自滅的あるいは自己破壊的な生活の乱れなのかを見極めることは，非行臨床家にとって最も重要な仕事のひとつであろう。非行臨床では行動化の受けとめ方が重要な鍵となるのである。

笠原（1973）は，行動化（アクティング・アウト）には退行的な要素があることを指摘したうえで，「すべての退行的脱現実的アクティング・アウトの中には，やがて当面せざるをえない現実に向けての実験，試行錯誤をみることもできる」とし，さらに，「青年の退行は，きたるべき『前進』のための前段階として，発達のためにポジティブな意味を持つ」ことを強調する。筆者は行動化（生活の乱れ）が立ち直りのための苦悩の表れであるのか，自己破壊的なものなのかを見極めることの重要性を指摘したい。この見極めは，静的な評価ではなく，動的なかかわりに左右されると考えている。つまり，たとえ前進のための行動化であったとしても，周囲の環境が支持的でなければ，容易に自己破壊的な行動化に転化してしまうことをしばしば経験しているからである。この行動化の理解において，箱庭は大きな役割を担う。

本ケースの場合，L子の生活の乱れは，すでに試験観察開始後，約1カ月頃から始まっている。そして，乱れた生活は3カ月以上も続くのである。しかし，この間，箱庭から読み取れるメッセージは，決して悪いものばかりではなかっ

た。箱庭を通して得られるメッセージは，非行少年を見守る者には得難い支えとなる。L子の生活の乱れ，いわば苦悩が，前進を指向していることを筆者は箱庭を通して受けとめることができたのである。

枠の意義

　筆者は箱庭療法の適用について，「枠と自由の問題」「行動化の問題」という2つの観点から箱庭の適用を考えている。ここで箱庭における枠の意義をまとめてみたい。

その1　面接室と箱庭の部屋を分離する
　まず保護者・少年をともに面接し，そこではある種の厳しさをもって生活指導をする。その後，別室に少年のみを移動させ，箱庭を施行する。これは箱庭を現実世界とは次元を異にする空間として自覚させることを意図している。箱庭の部屋では，もっぱら少年にリラックスさせることに専念し，ここでは，生活指導をする調査官の顔とは違った顔を見せることになる。筆者はさらに箱庭の「枠」を強調し，「この箱庭という『枠』の中では自由であり，何をしてもよい」ということを少年に伝えることに心がける。

その2　箱庭に題名を付けさせる
　少年が箱庭をつくり終えると，筆者は少年に題名を付けさせる。これは，箱庭が終了し，箱庭があくまでフィクションであることを自覚させる作業である。題名を付けることで，箱庭を客観視できるようになる。これは行動化を回避する配慮である。

その3　箱庭終了後，クライエントを別室に移動させる
　一連の箱庭が終了すると，さらに少年を別室へ誘導する。これは，ファンタジーの空間，すなわち箱庭の世界から日常生活への移行を意図している。箱庭の部屋とは別の部屋で，保護者とともに，日常生活での留意点などを確認させ，現実生活へと送り返すのである。箱庭の世界を直接，現実世界に持ち込まないようにする配慮である。箱庭の「枠」を重視すると前述したが，現実世界と箱庭世界との間にさらに「枠」を置くのである。これは非行少年の特殊性を考慮したものだが，このことに関連して，河合（1995）は非行少年へのミソ・ドラマ（神話劇）の適用を紹介している。河合によれば，アラン・グッゲンビュールはミソ・ドラマを非行少年のセラピーに適用しているが，その手法として，まず少年たちをリラックスさせ，セラピストは神話的な話をする。そして少年

たちに自分で話を変えたり，劇をさせたりするのだが，そのセッションが終わると，部屋を変えて，徐々に現実世界に戻していくというのである。これについて，河合は行動化との関連を特に指摘していないが，筆者は，ここには非行少年の特殊性，とりわけ行動化に対する配慮があるように思われるのである。

筆者の上記3点の配慮は，箱庭の枠をさらに二重三重に重ねることを意味している。

非行臨床における箱庭の意義

ダブルロールの問題は，非行臨床においては避けて通れないものであろう。これに関して，箱庭療法の導入は，新たな局面を切り開いてくれるように思われる。

非行臨床においては生活指導は不可欠であり，厳しさが必要となる。筆者は，生活指導では，少年たちに規則を重視することを理解させ，その一方で，箱庭の「枠」の中では何をしてもよいという臨床構造を作り出すことを意図するようになった。いわばダブルロールの，少年の行動規制を課す役割と少年の自由意志を尊重するという2つの役割を，生活指導と箱庭という2つの観点に当てはめて考えるようになったのである。これはダブルロールの解決という点においても意味深いものではなかろうか。最後に，だからこそ，箱庭の「枠」というものが，非行臨床においてはとりわけ大きな意味を持つことを強調しておきたい。

Ⅲ　地域社会へのかかわり

　非行臨床においては，非行少年本人へのかかわり，家族へのかかわりだけでは解決できない問題を有している。それは地域社会とのかかわりである。
　多くの非行少年たちは何らかの形で非行グループとかかわり，非行性を深めていく。中学生，高校生であれば，学校とのかかわりも大きい。つまり，さまざまな地域社会とのかかわりの中で，非行が進展していくのである。そのような複雑なシステムへの対応が求められる。

1　マルチシステミック・セラピー（MST）

　米国サウスカロライナ医科大学精神医学行動科学部門の開発したマルチシステミック・セラピー（Multisystemic Therapy：MST，Henggeler, S.W., et al., 1998）が注目されている。これは家族システムを含めたさまざまなシステムに働きかけていく方法である。以下，MSTと表記することにしたい。
　子どもはその周りに家族，仲間，学校，近隣，地域社会・文化といったさまざまなシステム環境を有しているため，これらのシステム環境に働きかけていくことが重要になる。それを前提にMSTでは，親や親代わりになる人物が変わることを重視している。そして，治療は子どもの行動に影響を及ぼしている自然の生態系の中にストレングスを見いだして，それを強化していくことに焦点が与えられる（吉川ら，2008）。

MSTの9つの治療原則

　MSTは次のような9つの治療原則を設けている（吉川ら，2008）。
原則1：アセスメントの主な目的は，同定された問題と広汎なシステムの背景の間にあるフィットを理解することである。
　MSTでは，当該問題行動に関係する要因をフィットと呼ぶ。そして，この要因を見いだしていく。表3-2に示されるように，それぞれのシステム内でストレングスとニーズのアセスメントを最初のステップとして実施し，問題を維持している主な要因を検討する。ニーズ側の要因は介入の標的となり，ストレングス側の要因は変化を起こすために用いられる。例えば，放課後に課外活動がある場合には，それは親の監督不足（家族のニーズ）を部分的に補う形で利

用することができる。

　図3-13はフィット・サークルと呼ばれるもので，フィットのアセスメントの構成を示している。当該問題行動（例えば家庭内での暴力）が円の中心に書かれる。さまざまな情報に基づいて，行動の要因に対する仮説を立て，フィットをアセスメントする。要因は児童を取り巻くさまざまなシステムの中にも存在するし（例えば，両親，きょうだい，学校，仲間，近隣など），また，子ども自身の中にも存在する（例えば，衝動性がコントロールできないなど）。次に当該問題のフィットを支持する事実を書き入れる。フィットは，問題を解決するための標的となる。

原則2：治療的かかわりではよい部分を強調し，システム内のストレングスを
　　　　変化のための手段として利用する。

　セラピストはクライエントの努力を認め，正の強化を積極的に用いる。

原則3：介入は家族の責任ある行動が促され，無責任な行動が減るように計画
　　　　される。

表3-2　ストレングスとニーズのサマリーシート（吉川ら，2008）

家族名：＿＿＿＿＿＿　治療者：＿＿＿＿＿＿　紹介日：＿＿＿＿＿＿

ストレングス	ニーズ
個人	
登校を希望 まじめで自立している 平均的知能 同胞の面倒をみる 礼儀正しい	社会性の高い活動が限定的 学校や地域社会での攻撃性の既往 逃避 児童期の性的虐待の被害者
家族	
母親の愛情が深い 親戚が近くに住んでいる 親戚が協力的 母親は逆境に強い 家族の絆は強い	経済的に貧しい 母親の監督能力が低い 居住環境が悪い 母親の養育スキルが限定的 家族が社会的に孤立している
仲間	
近所に社会性の高い仲間がいる	攻撃的で反社会的な仲間 仲間はほとんど学校に行っていない
学校	
カウンセラーとよい関係	生徒を早く退学にする 家族との葛藤の既往
近所／地域社会	
放課後の課外活動	薬物乱用の蔓延

原則4：介入は現在に焦点を当て，行動志向型とし，具体的で明確に定義された問題を標的にする。
原則5：介入は同定された問題を維持する複数のシステム内あるいはシステム間の行動の連鎖を標的にする。
原則6：介入が発達上適切であり，子どもの発達上のニーズに見合っている。
原則7：介入は家族の毎日もしくは毎週の努力を求めるように計画される。
原則8：介入効果は複数の視点から継続的に評価され，サービス提供者は結果が成功するまで障壁を克服する責任を負っている。
原則9：介入は，治療の般化を促し，治療による変化が長期的に維持されるように計画され，養育者を励ますことで，複数のシステム内の環境にまたがる家族のニーズを処理できるようにする。

　これまで述べてきた9つの治療原則に従い，MSTでは図3-14のような分析プロセスを経る。最初に，親，子ども，教師，保護観察官，他の関係機関，公式記録等の複数の情報から問題行動を同定する。セラピストは変化を起こすための標的を確定し，ベースラインとして問題行動の現在の程度を評価する。次に，子どもの自然生態系の中で重要な役割を演じる鍵となる人物を同定し，治療の参加者として要請を求める。それぞれの参加者に面接し，問題に対するそれぞれの人の見解を得る。また，彼らの持っているストレングスを同定し，治療を成功させるためにはどのような変化が必要かを決定する。これらの情報は，治療の長期目標を達成させるために用いられ，鍵となる人物に協力を求める。長

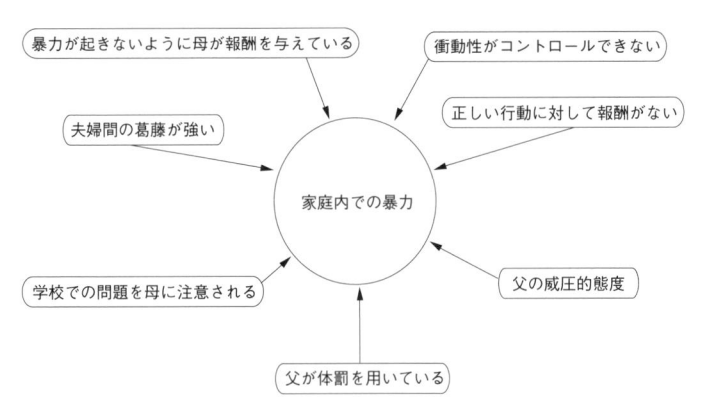

図3-13　フィット・サークル（吉川ら，2008）

期目標によってMSTの展望や終局点が決定される。長期目標が達成されたときに治療は終了することになる。（吉川ら，2008）

2 非行化の進展プロセス

多くの非行は地域社会の中で進展する。筆者は，非行の進展プロセスとは，子どもあるいは非行集団が地域社会の中でたどる，孤立化のプロセスであると考えている。非行少年は家族や学校，地域社会から孤立していき，非行集団の

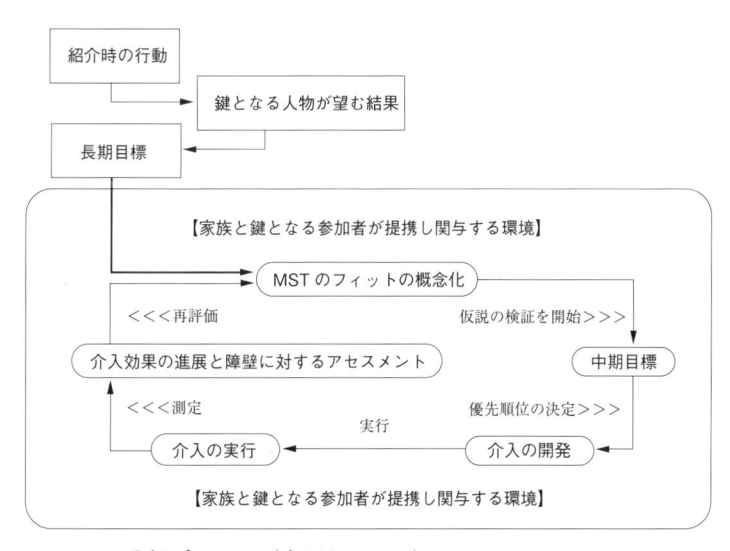

図3-14 MSTの分析プロセス（吉川ら，2008）

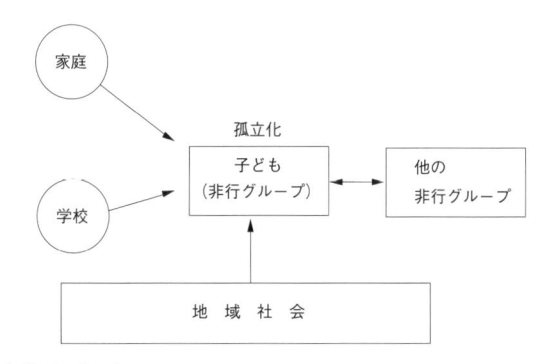

図3-15 孤立化のプロセス

凝集性は高まっていく。

　図3-15を参照されたい。非行少年は家族からのコントロールを離れ，学校からの指導を拒否するようになる。さらに進むと，地域の非行集団とのかかわりを強め，非行集団は家族や学校から孤立していく。孤立化が進めば進むほど，社会のルールからかけ離れたルールに支配されるようになり，常識では考えられないような行動が生起する。

　したがって，非行臨床とは，この孤立化への手当ての側面が強調される。すなわち，「つなぐ」機能の重要性である。家族や健全な地域社会とのつながりを形成していくことが重要になるのである。その中でも家族とのつながりは重要である。

　このように「つながり」の回復の視点からの対応が必要になってくる。MSTは，これらの手当てを総合的に，かつ組織だって行う手法ともいえよう。

文献

Anderson,H.&Goolishian,H.（1988）．Human systems as linguistic systems：Preliminary and evolving ideas about the implications for clinical theory　*Family Process*　27　pp.371-393.

Henggeler,S.W.,Schoenwald,S.K.,Borduin,C.M.et al.（1998）．*Multisystemic Treatment of Antisocial Behavior in Children and Adlescents*　The Guilford Press.
　（ヘンゲラーら（著）吉川和夫（監訳）（2008）．児童・青年の反社会的行動に対するマルチシステミック・セラピー（MST）　星和書店）

東　　豊（2010）．家族療法の秘訣　日本評論社

東山紘久（2002）．プロカウンセラーの夢分析　pp.47-64.　創元社

井原　彩（1996）．箱庭との空間比較　山中康裕（編著）　風景構成法その後の発展　pp.313-330.　岩崎学術出版社

井上公大（1980）．非行臨床　pp.147-148.　創元社

乾　吉祐（1977）．第1節　症状の意味するもの　小此木啓吾・馬場謙一（編）フロイト精神分析入門　有斐閣

伊藤俊樹（1992）．芸術療法　氏原　寛他（共編）心理臨床大事典　pp.379-384.　培風館

伊東　博（1966）．新訂　カウンセリング　p.162.　誠信書房

皆藤　章（1992）．風景構成法　氏原　寛他（共編）心理臨床大事典　pp.558-563.　培風館

皆藤　章（1994）．風景構成法　その基礎と実践　pp.3-46.　誠信書房

D.M.カルフ（著）河合隼雄（監修）大原　貢・山中康裕（訳）（1972）．カルフ箱庭

療法　誠信書房
笠原　嘉（1973）．青年期　pp.125-163．中央公論社
河合隼雄（1994a）．ユング心理学入門（河合隼雄著作集1）　pp.3-205．岩波書店
河合隼雄（1994b）．ユング心理学の展開（河合隼雄著作集2）　pp.4-220．岩波書店
河合隼雄（1995）．物語と科学（河合隼雄著作集12）　pp.22-24．岩波書店
木村晴子（1985）．箱庭療法　pp.8-12．創元社
小森康永・野口裕二・野村直樹（1999）．ナラティヴ・セラピーの世界　日本評論社
ラプランシュら（著）村上　仁（監訳）（1977）．精神分析用語辞典　pp.1-3．みすず書房
前田重治（1985）．図説　臨床精神分析学　誠信書房
松木邦裕（1996）．対照関係論を学ぶ　pp.55-92．岩崎学術出版社
森谷寛之・竹松志乃（1996）．はじめての臨床心理学　北樹出版
村井　祐・本郷栄子・大久保順子・山崎伸一・松尾孝弘・竹内郁江（1987）．少年事件調査における箱庭の活用　調研紀要51　pp.20-63．家庭裁判所調査官研修所
村尾泰弘（2008）．非行臨床への箱庭の適用　箱庭療法学研究　20(2)　pp.45-58．
中井久夫（1970）．精神分裂病者の精神療法における描画の使用　とくに技法の開発によって作られた知見について　芸術療法2
中井久夫（1972）．精神分裂病の寛解過程における非言語的接近法の適応決定　芸術療法4
野口祐二（2002）．物語としてのケア　医学書院
岡堂哲雄（2000）．家族カウンセリング　金子書房
小澤真嗣（2006）．マルチシステム・アプローチによる少年事件の調査　少年や保護者の動機付けに応じた効果的介入を目指して　家裁調査官研究紀要　3　pp.52-81．
W.ライヒ（著）片岡啓治（訳）（1973）．衝動的性格　イザラ書房
生島　浩（1999）．悩みを抱えられない少年たち　日本評論社
杉渓一言（1992）．家族機能　氏原　寛他（共編）心理臨床大事典　p.1203．培風館
武野俊弥（1985）．枠強調砂箱による分裂病者の箱庭療法過程　枠強調砂箱の意義　箱庭療法研究　2　pp.160-178．
牛島定信（1996）．パーソナリティ論　精神分析学　p.72．放送大学教育振興会
吉川和男・富田拓郎・大宮宗一郎（2008）．少年犯罪・非行の精神療法　マルチシステミック・セラピー（MST）によるアプローチ　精神療法　34(3)　pp.306-313．
White,M.&Epston,D.（1990）．*Narrative Means to Therapeutic Ends*　Norton．（ホワイト＆エプストン（著）小森康永（訳）（1992）．物語としての家族　金剛出版）

イラスト：岡田真理子

第4章

ストレスとトラウマの理解

　生活のスピードは日増しに速くなってきている。テレビやラジオだけでなく，インターネットなどの新しい媒体によって，我々は膨大な情報にさらされるようになった。また，交通機関の発達により遠隔地間を高速で移動し，短期間で多くの仕事をこなすことが可能になった。ところが，その反面，我々は大人も子どもも，さらには老人までもが強いストレス下に置かれるようになった。児童虐待やドメスティック・バイオレンス，凶悪な犯罪など，精神のバランスを崩した人々による事件が毎日のように注目を集めている。現代がストレス社会といわれる所以である。そこで，ストレスとトラウマの視点から非行臨床と非行臨床家のメンタルヘルスを考えることにしたい。
　さて，そもそもストレスとは一体どのようなものなのだろうか。

1　ストレスとは何か

　ストレス（stress）という言葉は，もともとは物理の分野で使われていた用語である。例えば，バネなどに力を加えるとバネに歪みが生じる。ストレスとは，このときのバネの中に生じるような力の不均衡状態をさす言葉として用いられていた。
　このストレスの概念を生理学者H.セリエ（Selye, H.）が1930年代に医学領域に持ち込んだといわれている。セリエは，生体が内的・外的要因によって神経系や内分泌系に変化を起こし汎適応症候群（General Adaptation Syndrome）を示す状態に注目し，この状態をストレスとして，医学的に用いるようになった（奥田，1999）。ストレスを生起させる要因をストレッサー（stresser）と呼ぶ。
　ストレスとは，ストレッサーによって生体内に障害や防衛反応などさまざま

な歪みが生じた状態であり，この状態は場合によっては病気に至る，と拡大して解釈されるようになった。

ストレッサーは，寒暑・騒音・化学物質など物理化学的なもの，飢餓・感染・過労・睡眠不足など生物学的なもの，精神緊張・不安・恐怖・興奮など社会的なものなど多様である。ストレス反応とは，ストレッサーによって引き起こされる生体反応であり，ストレスによる症状には，心身症をはじめ神経症，不眠，抑うつ感などがあげられる。ストレッサーが圧倒的な外傷体験である場合は急性ストレス反応やPTSD（心的外傷後ストレス障害）を起こすこともある。これらについては，後に詳しく述べることにしたい。

(1) ストレス過程

人がストレッサーにさらされて，ストレス反応を示すまではストレス過程と呼ばれるが，その過程はまず，評価（アプレイザル），対処（コーピング），および陰性感情の喚起の3つに整理できる（図4-1）。

人がストレッサーを「重大かつ驚異的である」と評価した場合，そこで何ら

コラム　セリエとストレス

ストレスを医学に転用したのはカナダの生理学者セリエである。彼は，生体の反応の経緯について生理学的な側面から研究し，ストレスが病気をもたらし，さらに重篤な場合には死に至ると考えた。セリエの研究による説は次のようなものである。

どのような種類の有害な刺激を受けても生体は共通の一連の反応を示した。有害な刺激（ストレッサー）が加わると，ストレッサーの種類は何であれ，身体的あるいは物理的なものなどいずれにもかかわらず，その初期において一般に共通して特有の身体的で科学的な反応を示す。

刺激の直後は血圧も下がり，血糖も低下し，神経系の活動は抑制され，筋緊張は減退する。この時期を「警告期」と呼ぶ。

それに続いて，体温の上昇，血糖値の増大，神経系の活動の高まり，筋緊張の増大などの生体的な反応が見られる。この時期を「抵抗期」と呼ぶ。

その後，生体は耐えられない限界を超えると「疲弊期」に至るというのである。

セリエの研究以降，ストレッサーはより広く解釈されるようになり，身体的，物理的のみならず心理的あるいは環境的要素も刺激に含まれるようになり，ストレス性の病気という考え方も定着するようになった。

かの対処反応が生起する。ところが，①対処が不充分である場合，②対処が適切でない場合，あるいは，③対処が効果を発揮しても個体内に相当大きな負荷を強いている場合などでは，結果としてストレス障害（身体化，主観化，行動化）が引き起こされる。また，陰性感情（怒り，悲しみ，不安，抑うつなど）の生起は，やはり心身に障害を残すことになる。このようにして生じた障害は，それ自体がまた新たなストレッサーとなり，悪循環が形成されていく。

　もう少し詳細に見ていきたい。

　同じストレッサーにさらされても，それがストレスになる人とそうでない人が出てくるのは，そこに個人の特性が関与するからである。つまり，そのストレッサーを「重大かつ驚異的である」と評価するかどうかは個人の特性に大きく依存している。また，ストレッサーへの対処やその結果として怒りや悲しみ，不安などの感情が生じるかどうかも個人の特性によって大きく左右される。

　結果として，ストレス障害（精神疾患や身体疾患など）が起きると，今度はそれがストレッサーになってさらにストレス状況を形成していく。ストレスを形成しやすい人は，ますますストレスを大きくしていくという，まさに悪循環が生じるのである。

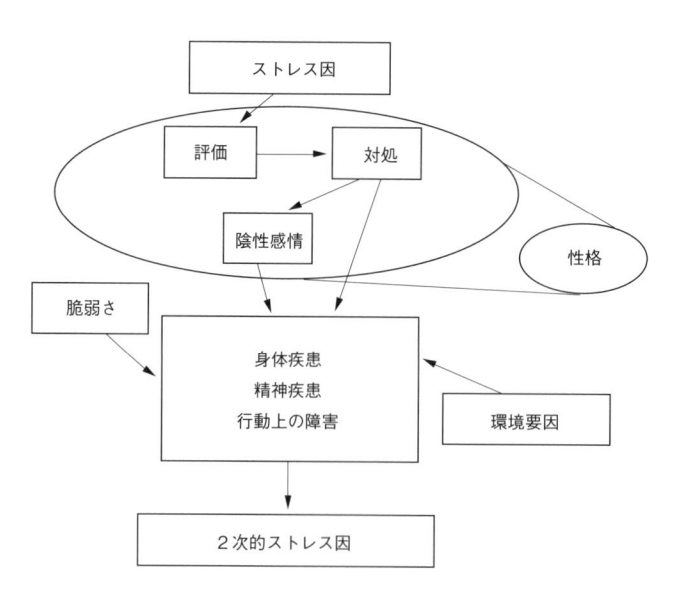

図4-1　ストレス過程における「性格」（神村・松岡，1999，p.184）

(2) ストレスとうつ状態

　ストレスを強く感じているときには，うつ的になり，考え方が狭くなる。また，気持ちが沈み込んでくると悲観的に考えるようになるし，悲観的に考えるようになるとますます気持ちが沈み込んでくる。A.T.ベック（Beck,A.T.）は，うつ状態になると，このような認知と感情の悪循環が生じることを学問的に明らかにした（大野，2000）。

　うつ病の患者は，「集中できないし，物覚えも悪くなった。だから自分はだめな人間だ」（自分に対する否定的な考え），「自分は何ひとつおもしろい話もできなくて，こんな人間とつきあいたいと思う人なんていないだろう」（周囲に対する否定的な考え），「このつらい気持ちは一生続いて絶対に楽になんてならない」（将来に対する否定的な考え）といった考えに支配されているというのである。

　現実にはさまざまな解決法があるにもかかわらず，ストレスがたまってくると，いわゆるマイナス思考になってしまう。現実そのものよりも，その人が現実をどう見ているか。どう考えているか。つまり，その人が現実をどう認知しているかが問題なのである。

2　トラウマとPTSD

　九死に一生を得るような体験，性的な犯罪被害にあうこと，愛するものを失うこと，これらはこころに大きな傷をつくる。このこころの傷のことを一般にトラウマと呼んでいる。このようなトラウマ体験は，きわめて大きなストレッサーとなる。犯罪被害にあうなど，トラウマ体験をした人たちは，しばしば，苦しい精神症状に悩まされることになる。

　例えば，眠れなくなる。眠ってもすぐに目が覚めてしまう。いわゆる睡眠障害である。

　また，忘れてしまいたい出来事が繰り返し脳裏によみがえる。これはフラッシュバックと呼ばれている。被害者たちは自分が受けた犯罪被害の場面を記憶から消し去ってしまいたいと訴えることが多い。しかし，それにもかかわらず，その忌まわしい場面が繰り返し脳裏によみがえってくる。これは非常につらい体験であり，被害者たちはしばしば「頭がおかしくなるのではないか」「気が変になりそうだ」と訴える。

また，トラウマ体験にかかわりのあること，場所などを避けようとする。
　その他，被害者たちに共通して生じやすい精神症状として，ハイパービジランス（過度の警戒心）がある。例えば，カーテンが風で揺れる音など，通常ならばなんでもないような音に対して，飛び上がってしまいそうな恐怖を感じてしまう。ちょっとした影の揺らめきに凍り付くような怖さを感じる。このような過度に臆病になった自分に対して，やはり「気が変になりそうだ」と訴える場合がしばしば認められる。

(1) PTSD

　PTSD（心的外傷後ストレス障害）とは，以上のようなトラウマ体験による精神症状が1カ月以上続くことをいう。
　PTSDは次の3つの要素を含んでいる。
① 再体験（侵入）
　フラッシュバックに代表されるように，忘れてしまいたいようなトラウマに関することが，自分の中に侵入し，コントロール不能になってしまうことである。
② 回避・麻痺
　被害を受けた場所を避けるなど外傷体験に関連することを回避しようとしたり，重要な活動への関心を失ったりすることなどである。
③ 持続的な覚醒亢進（過覚醒）
　不眠や過度の警戒心（ハイパービジランス）などが続くことである。
　このような精神症状が1カ月以上続く場合がPTSDであり，2日から4週間までのものをASD（急性ストレス障害）と呼び，一応区別している。
　PTSDとは，いわばトラウマ体験による後遺症と考えることができる。
　PTSDについては，トラウマ体験の直後から急性ストレス障害として精神症状が生じ，それがPTSDへとつながる場合もあるが，トラウマ体験からかなりの時間が経過した後にPTSDが発症する場合もあるといわれている。
　例えば，地震災害にあって3カ月後あるいは1年後など，かなりの時間が経過してから発症する場合がある。災害直後は復興に向けて人一倍働いていた人が，かなりの時間が経過してから不調を訴え，自殺に至ったという話も聞く。精神症状の発症については，その人の自我の強さやその他の要素が複雑に関係している。PTSDの詳細な診断についてはDSM-Ⅳ-TR等を参照されたい。

(2) トラウマと自責感

トラウマ体験はさまざまな感情をもたらす。これについて，小西（1999）は恐怖，怒り，自責の3つを挙げている。

まず，その代表は恐怖である。トラウマ体験者は恐怖にさいなまれる。ハイパービジランスもそのひとつである。

次に，怒りがある。虐待を受けた子どものプレイセラピー（遊戯療法）を行うと，プレイの中で，子どもたちは強い怒りを表出する。この怒りが充分に表出されることによって子どもたちのこころは癒されていく。この癒しのプロセスの中で，怒りが悲しみへと変化するとの指摘もある。例えば，ただやみくもに怒りを表出していた子どもが，やがて「自分は父親から虐待を受けて悲しかった」などと悲しみを表現するようになる。このような悲しみの表現ができるようになると，トラウマはかなり癒されてきているともいえよう。

トラウマはまた奇妙な感情をもたらす。それが自責感である。トラウマを体験すると不思議なことに自分を責め始めるのである。

例えば，強姦の被害者の中には，加害者が一方的に悪い場合であっても，自分に隙があったのではないか，こんなことになったのは自分が悪いからだと，自分を責める場合が認められる。虐待を受けた子どもの場合も同様である。親が一方的に悪いにもかかわらず，自分が悪い子であったからだ，お母さんは自分のことを心配してくれているなどと，自分を責める場合が少なくない。このようにトラウマ体験は自責感を生み出し，自分を責め，さらにつらい状況に自分を追いやってしまうことがしばしばあるのである。このような自責感については，トラウマ体験者だけではなく，強いストレス下に持続的に置かれた場合も同様の自責感が生じやすいと考えられる。したがって，自分を責める傾向が強くなってきた場合は要注意である。ストレスが高まっていることを自覚し，一種のSOS信号と受けとめて精神面のケアに努めるのがよいだろう。

3　虐待を受けた子ども

(1) 虐待を受けた子ども

次に虐待を受けた子どもについて考えてみたい。

今日，被虐待児と最もかかわりが深いのは児童養護施設だろう。虐待を受け

た子どもが親から引き離された場合，多くが児童養護施設で生活することになるからである。施設によっては，6割以上の児童が何らかの形で虐待を受けているところもあるという。このような施設の職員は虐待を受けた子どもの対応に非常に苦慮している。それは被虐待児には特有の処遇の難しさが伴うからである。

M.マーチン（Martin,M.）は，被虐待児には2つのタイプがあるのではないかと考えた。それは，無感動で反応の少ない子と攻撃的な子の2通りである。

その後，児童養護施設で生活する子どもの調査などから，虐待を受けた子どもの問題行動が浮き彫りになってきた。それらの問題行動をここでは7つのタイプに分けて紹介してみたい（堤ら，1997）。

タイプ1は，感情を抑圧し，孤立しがちで，親密な人間関係がうまく形成できない子どもたちである。

タイプ2は，自己中心的で，自分の欲求に固執し，場合によってはパニック行動などを引き起こしてしまう子どもたち。

タイプ3は，無気力で身体症状を訴える子どもたち。

タイプ4は，不安感が強く，大人びた早熟的行動を取る子どもたちである。このような子どもは一見しっかりした行動がとれるように見えるが，実は注意を要する。彼らの成熟性は偽成熟性と呼ばれるものであり，いってみれば「張りぼて」のような「りっぱさ」である。非常に無理をしており，下手をすると一気に崩れてしまう。

以上の4タイプは，非社会的問題行動に関するものである。

次に反社会的な問題行動に関するものを紹介しよう。

タイプ5は，万引きや，無断外泊，喫煙，シンナー吸引などを繰り返す子どもたちである。

タイプ6は，暴力的行動や反抗的態度，他者への威圧的態度を示す子どもたち。

タイプ7は，学業への意欲を喪失し，学力不振という形で問題行動を示す子どもたちである。

このように，虐待を受けた子どもたちが示す問題行動には，非社会的問題行動と反社会的問題行動があると考えられる。しかし，施設職員が困るのはやはり反社会的行動，とりわけ暴力的な行動である。

それには訳がある。また，それは児童養護施設という特殊な状況に関係しており，しかも，「虐待」という問題の本質とも関係している。そこには，虐待を受けた子どもの悲劇というべきものが存在するのである。

(2) 被虐待児の「二重の悲劇」

　被虐待児の粗暴な言動はしばしば深い意味を持つことがある。そのひとつは，自分が受けた虐待行為の再現として，粗暴行為を示すことである。
　例えば，心理療法でプレイセラピーを行うとする。それは物理的にも心理的にも安全な空間の中で心理療法家（セラピスト）が子どもと遊びを通してかかわるわけである。すると，そこではトラウマ体験（暴力の体験）を再現し始めることが多い。例えば，自分が受けた暴力をぬいぐるみ人形に対して同じようなことをしたりするのである。そして，このような過程を経てトラウマが治癒されていく。
　子どもたちが暴力的な虐待を受け，それがこころの傷（トラウマ）になっているとする。すると，そのようなトラウマ体験を無意識のうちに遊びや生活の中で繰り返してしまうのである。
　そして，いつしか施設の中でも「やっかいな子ども」になってしまい，職員から「やっかいな子ども」として邪険な扱いを受ける危険性が出てきてしまう。これは二重の悲劇といえないだろうか。
　すなわち，被虐待児たちは家庭で虐待を受け，さらに，施設でも虐待を受けやすい状況を生み出してしまうのである。筆者は，これを被虐待児の「二重の悲劇」と呼んでいる。

(3) 暴力の意味と対応

事例　他児の首を絞めた児童　小5男子
　児童養護施設で生活する児童である。この男子は他児との喧嘩の中で，ひもを使って他児の首を絞めて大きな問題となった。
　施設職員は問題を重く見て，この男子の生活や生活歴を調べたところ，この児童自身が母親からひもで首を絞められた経験があることが判明した。しかし，この男子は自分が母親から首を絞められたこととこの他児への問題行動の関連性には，まったく気づいてはいなかった。
　このように，被虐待児の暴力には自分が受けた虐待行為の反復的な意味がある場合が少なくないと考えられる。しかも，その被害行為と問題行動の関連性を自覚していないことが多い。
　さて，このように自分が受けた虐待行為を反復することをどう考えればよいのだろうか。

トラウマの再現性とプレイセラピー

　被虐待児はプレイセラピーの中で，虐待行為を繰り返すことがしばしばある。つまりトラウマ体験の再現である。それは象徴的な表現として繰り返したり，具体的な再現であったりする。

　プレイセラピーという枠組みの中で，トラウマに焦点をあてて行われるトラウマ・ワークを「ポストトラウマティック・プレイセラピー」と呼ぶ。ポストトラウマティック・プレイセラピーとは，トラウマ・ワークの原則である「再体験」(reexperience)，「解放」(release)，「再統合」(reintegration) という「三つのR」を，プレイセラピーという枠組みの中で行おうとするものである。今日のポストトラウマティック・プレイセラピーの基盤を作ったのは，L.C.テア (Terr,L.C.) である。彼女は，特にバスジャック被害を受けた子どもたちの行動観察によって，トラウマを受けた子どもたちの多くが，トラウマになった出来事を遊びの中で再現していることに気づいた。その後，テアは，さまざまなトラウマを体験した子どもたちのその後の行動観察を通じて，トラウマを体験した子どもたちの遊びに共通した特徴を見いだし，これをポストトラウマティック・プレイと呼んだ (Terr,1981)。

　例えば，西澤 (1999) は，「身体的虐待を受けた子どもは，プレイの場面で自分が親からされた暴力的な行為や言動をぬいぐるみに向けることが多い。しかしながら，子どもがその関連性を意識していないことは珍しいことではない」と反復再現について指摘する。また，こういった現象は子どもに限ったものではなく，成人の場合にも観察される。例えばD.ラッセル (Russell,1986) は，売春をする女性の中に思春期以前の性的被害体験を持つものが多いことを見いだしたが，彼女たちのほとんどが，自分の被害体験と売春という行為の関連性を意識していなかったと報告している。このように，繰り返されるプレイや行為のテーマと，もともとのトラウマ体験とのつながりは意識の外におかれていると言えよう。そしてテアは，先述のようにその関連性を意識化できるようになると繰り返しは消失すると考えているのである (西澤, 1999)。また，E.ギル (Gil, 1991) は，トラウマが再現される環境がセラピストに守られた安全な空間であること，また，トラウマを受けたときとは違って子ども自身が能動的にその体験を再現するということなどが，回復のうえでは重要であると指摘している。

　このように被虐待児はトラウマ体験を再現しながらトラウマを癒していく。プレイセラピーの中でのトラウマ体験の反復再現性はトラウマからの回復にとって非常に重要な治療的な意味を持っていることが理解できよう。

筆者は埼玉県の児童養護施設で働く心理士の研究会を主催しているが，残念なことに現在の状況では，プレイセラピーの中で虐待に関連すると思われる内容が表現されても，その内容と現実の虐待との関連性を扱っていこうとする心理士は少ないように思われる。心理士の中にトラウマ体験を直接扱っていくことへの恐怖が強いためと考えられる。

ただ，子どものトラウマを扱うには複雑な問題がある。一般に，トラウマの治療は，クライエントが外傷体験を想起し，再構成して語り，ライフストーリーに統合することが重要とされる（例えば，ハーマン Herman,1992）。つまり，トラウマ体験ときちんと向き合い，ライフストーリーに統合するということの重要性である。

しかし，子どもの臨床には特殊性があり，例えば，F.W.パトナム（Putnam, 1997）のように，成人治療モデルと児童治療モデルは明らかに違うと主張する立場もある。パトナムは，成人治療モデルでは，患者の外傷性記憶を再認知させ，取り戻し，再構成することへの援助を通して，強烈な感情的・身体的・知覚的体験を言語化することが焦点となるが，児童治療モデルでは，子どもは外傷体験を取り戻す力は置かれた状況等にまったく依存しており，仮に治療者がトラウマを有する子どもが示す行動と外傷体験とのつながりを認識したとしても，このつながりを言語化させて「洞察」を与えようとすると，治療的介入の基礎が崩壊することが少なくないとして，子どもに対する治療的努力の焦点は支持的な家庭あるいは養育の場を創り出すことにあると主張する。

このように子どものトラウマへの対応は複雑な面を有しており，どのように対応するかは，施設で働く心理士の今後の大きな課題といえよう。

4　ストレスと問題行動

非行を含めた問題行動の背景にはストレスが関係していることが多い。特に，幼児期から学童期の子どもの問題行動の背景にはほとんどストレスがかかわっている。

このような問題行動の改善にはストレスの理解が非常に重要なものとなる。ストレスの所在を理解し，ストレスの内容を吟味し，ストレスを軽減する手当てをすることで，ほとんどの子どもの問題行動は改善される。具体的な事例を取り上げながら考えてみたい。

児童養護施設での事例

事例　大便をまき散らす児童　小２女子

　児童養護施設で生活する女子（小２）のケースである。児童養護施設の職員から相談を受けて筆者がスーパービジョン（114ページ参照）を行った。

　この女子はトイレの便器の周囲に大便をする。便器に紙を押し込んで詰まらせる。トイレの窓から大便を外に捨てる。廊下に大便をするといった行動がでた。

　施設職員は何度もきつく叱ったが，この問題行動は改善されないと訴えた。

　筆者は，この少女がすでに大便の自立はできている女子であるかどうかを確認したところ，きちんと大便の自立はできていたとのことであった。

　施設職員はこの異様な問題行動に頭を抱え，精神的に異常があるのではないかとさえ訴えた。この問題行動以外には，軽度の知的障害はあるものの精神疾患を疑わせるものはないとのことであった。

　さて，このケースについては，この女子を取り巻く人間関係について，職員と一緒に検討することにした。図4-2を見ていただきたい。この女子を取り巻く人間関係としては，親，きょうだい，施設の職員，学校の先生，施設の子どもたち，学校の友達などが存在する。子どもに何らかの問題行動が生じる場合，この女子を取り巻く人間関係のどこかにストレスを抱えていると考えられる。

　筆者はこのことを職員に話し，この女子が抱えているストレスの所在を職員に調査してもらうことにした。その結果，この女子は，同じ寮で生活する中２の女子から，いじめを受けていることが判明したのである。

　さっそく職員はそのいじめに対して適切な指導を行った。その結果，この大便に関する問題行動は消失したのである。

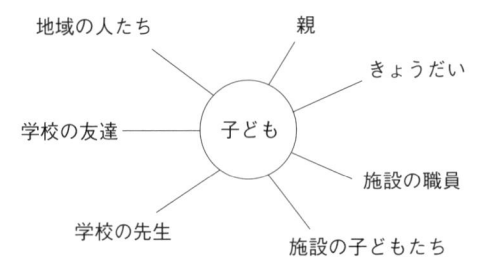

図4-2　子どもを取り巻く人間関係

このように，問題行動を示す幼児・学童期の子どもの大半は，周囲を取り巻く人間関係の中にストレスを抱えている。したがって，このストレスの所在とその内容を理解し，それに適切に対応することが鍵となるのである。

5　対人支援職のストレスとトラウマ

非行臨床家をはじめスクールカウンセラー，ソーシャルワーカー，教師，看護師，福祉施設職員など，対人支援の仕事に就いているものたちのストレスが問題になっている。

ここでは，対人支援職のストレスとトラウマについて検討してみたい。

(1)　バーンアウト

近年，バーンアウト(burnout)という新手のストレスが注目されるようになった。燃え尽き症候群とも呼ばれる。C.マスラック(Maslach,1976)によれば，バーンアウトとは「極度の身体疲労と感情の枯渇を示す症候群」であるとされてい

コラム　　ストックホルム症候群

　誘拐・監禁事件の被害者が加害者の思想に共鳴し，自分を助けようとする人たちに敵意を抱く状況をストックホルム症候群と呼ぶ。ストックホルムで起きた銀行強盗事件でこのような特殊な心理が報告されたことから，こう呼ばれるようになった。新聞王の娘，パトリシア・ハーストの誘拐事件がストックホルム症候群の典型例としてよく知られている（小西，1999）。

　パトリシア・ハーストの誘拐事件は奇妙な展開を示した。彼女は極左集団に誘拐されたが，不思議なことに，やがて彼女はこのテロリストの集団，すなわち加害者側に加わり，加害者側の立場に立って，裕福な自分の家族を批判するようになったのである。しかし，解放後，彼女は再び態度を変えた。

　監禁状態における被害者－加害者の特殊な心理状態には，洗脳と呼ばれるものもある。しかし，このストックホルム症候群は洗脳と近似しているものの，両者には違いも存在する。その決定的な違いは，洗脳の場合は，意図的に新たな思想や価値体系を植え付ける点にある。これはストックホルム症候群にはない。

　共通点としては，加害者と被害者の間に絶対的な力の差があり，外部とのコミュニケーションの遮断が認められることである。そして，危機状況における退行や依存が大きな役割を果たすと考えられている。これも両者に共通している。

る。今まで意欲的に働いていた人が，急にその意欲が失せたように働かなくなる。あるいは，働くのを嫌がるようになる。働く意欲が急速に，著しく低下することである。いわば燃え尽きたようになってしまうのである。元気に働いている人ほど，バーンアウトを経験しやすいとされ，その元気と落ち込みの落差が際立つだけに，周りにいる人を驚かせてしまう。「あの真面目な人が，どうして」といわれることになる。

　バーンアウトとは，人間関係の悪さ，あるいは対人関係に過重な負担を感じることに端を発するストレスのひとつであるとされている（田尾・久保，1996）。さらにいえば，これは人間にかかわることに由来するストレスであることから，医療や福祉，教育などヒューマン・サービス，つまり，人間が人間に対してサービスを提供している職場では，とりわけこのようなストレス，すなわちバーンアウトに出会うことも多くなる。実際，看護師，ソーシャルワーカー，教師のような，人間に対してサービスを行う人ほどかかりやすいと考えられ，バーンアウトとは，彼らの職業病とされることさえある。

情緒的消耗感　脱人格化　個人的達成感の後退
　バーンアウトは「情緒的消耗感」「脱人格化」「個人的達成感」の3つの要因によって捉えられることが多い（例えば，田尾・久保，1996を参照）。
情緒的消耗感
　バーンアウトの中で最も典型的に表出されるのが疲労であり，消耗感である。情緒的消耗感というのは，彼ら自身の仕事によって伸びきった，あるいは，疲れ果てたという感情であり，もう働くことができないという気分である。疲労ではあるが，メンタルな疲労を重視しているところが特徴である。バーンアウトの中核をなすのはこの「情緒的消耗感」である。
　このような消耗したという感情は，単純に身体が疲れ果てたということではなく，もう何もしたくなくなったという心理的な要素を多く含んでいる。
　情緒的消耗感はクライエントに対して消極的な対応を促すことになる。本来クライエントの福利の向上を促進するのが彼らの仕事であるが，それに及び腰になったり，後ろ向きの姿勢をとったりするようになる。
脱人格化
　「脱人格化」とは，彼らの世話やサービスを受ける人たちに対する無情な，あるいは人間性を欠くような感情や行動である。消耗から身を守るために，クライエントとの接触をほどほどにしたり，避けようとしたり，突き放すように

なるのである。極端に言えば、クライエントの人間性を無視したり、人間というよりはモノとして扱うようになるのである。また、このような態度を自分が悪いのではなく、クライエントが悪いのだと考えるようになる。

個人的達成感の後退

「個人的達成感」とは、するべきことを成し遂げたという気分であり、達成の充実感に浸る気分である。バーンアウトを経験している人ほど、この気分を実感できず、また、実感できそうにないと予期することで、なおさら達成感が後退することになる。疲れ果てて、クライエントに親切にできなくなったり、処置にミスが目立つようになる。そして、サービスに適切さを欠くようになると、当然のことながら、成果は落ち込み、達成の気分は遠のくことにならざるを得ない。

この「情緒的消耗感」「脱人格化」「個人的達成感の後退」がバーンアウトを考えるうえで3つの柱になる。

看護師とバーンアウト

看護師はバーンアウトを多発する職業である。例えば宗像ら（1988）によれば、看護婦300人と、内科医、外科医、小児科医、精神科医など300人を調査した結果において、看護婦は一般医に比べ、バーンアウトに陥っている率も、神経症圏に属すると思われる率も2倍近く高かったという。

児童養護施設とバーンアウト

筆者らが平成13年に埼玉県内の17の児童養護施設を対象に調査をした結果（村尾ら、2003）、バーンアウトについて、全体の11.8％の職員がバーンアウト状態もしくは本格的なバーンアウトになる初期段階以上にあたることが示唆され、全体の約50％の職員がすでにバーンアウト状態もしくはバーンアウトに向かう状態にあると理解され、児童養護施設職員はバーンアウトの危険にさらされていることがわかった。

（2）二次受傷

児童養護施設には虐待の被害児童がたくさん入所していることはすでに書いた。このようなトラウマ経験のある者と接する場合、しばしば問題になるのが二次受傷である。

自分自身が直接トラウマ体験をしていないのに、体験者からトラウマの悲惨

な状況を聞くだけで，二次的にトラウマ体験をしてしまうことがある。このように他人が経験した悲惨な出来事を知ることによって外傷性ストレス反応を体験することを二次受傷という。従来，心理臨床を行う者が注意しなければならないものとして，この二次受傷が取りざたされてきたが，広く支援者一般が注意を払う必要があることを充分認識すべきであろう。

　トラウマ体験がもたらすさまざまな外傷性ストレス反応は被害者を取り巻く家族や支援者に影響を与える。いわば「伝染する」ともいえるのである。自分自身は事件や事故に巻き込まれていないが，家族や親しい友人が被害を受けたことを「知っただけ」で，被害者と同じような外傷性ストレス反応を近親者や支援者が体験することが指摘されている。この二次受傷については，性暴力の被害者の配偶者，暴力に巻き込まれた子どもたちの家族や友人，トラウマ事件の被害者を親に持つ子どもたちなどの症例が報告されている。

　また，もちろん訓練を受けた専門家であっても二次受傷は生じる場合がある。幼児期に性虐待を受けたサバイバーの治療を行っている専門家たちの中にも典型的なPTSD症状を体験している場合がある。つまり，トラウマ体験の被害者と共感的な関係をもっている人々は，自分自身はそれらの出来事を直接体験していないのにもかかわらず，彼らと同じような外傷性ストレス反応を体験する場合があるということである。

　このように援助者も間接的にトラウマ体験をしてしまうことは，仕事上，とりわけ注意を要するといえる。

　通常，我々は「世の中は概して安全である」と信じて毎日の生活を送っている。しかし二次受傷を負った人は，トラウマ体験をした被害者と同じようにその安全感に確信が持てなくなる。例えば，性被害者の支援にかかわっている人の場合，次のような行動上の変化が起こるかもしれない。それまで特に何も感じていなかったのに，夜道を歩くことに抵抗を感じる，家の鍵を開けるときに何度も後ろを振り返る，通常の帰宅時間が過ぎても戻ってこない娘のことが非常に気になり最悪のことを想像してしまうなど，トラウマ体験者と同様の症状に悩まされる。

　また，他者の認識にも変化が生じる場合が出てくる。例えば，聞き分けのない子どもを叱っている父親を見かけたときに，以前なら「かわいそうに。あの子は何をやったのだろうか」と思っていただけが，「子どもは本当に悪かったのか」「母親はどこにいるのか」「彼らは本当の親子なのか」「これは虐待では」などと必要以上に考え込んでしまう。

また，繰り返し他者の痛みにさらされ，つらい体験を共感することが増えるに従い，支援者としての能力に疑問を感じ，「自分が行っていることにどれだけの意味や価値があるのだろうか」と自問することが増える。その結果，自尊心にも悪影響が出る。涙する被害者を目前に「私がこの人を傷つけているのだろうか」と思いつめる。そして，場合によっては，答えが見つけられないまま，疲れ果てて支援活動を辞めてしまうこともある。たとえ継続したとしても，二次受傷が適切に扱われない限り，この問題は根深く残ることにもなろう。

　そこで重要になるのが，スーパービジョンやケースカンファレンスである。自分自身の状態と仕事の内容を客観的に捉えることのできる場の必要性である。

　被害者が体験する圧倒的な無力感を取り込んでしまった場合，その無力感を払拭するために，支援者は「救済者」となることに過剰に力を注ぐ場合も出てくる。過度に思い入れの深い救済者と化した支援者は，被害者に求められると，ついつい自分の限界を超えた支援を行おうとしたり，無理な活動を自分に強いる場合も出てくる。

　しかし，このような，一見，被害者のためと思われるような行動は，彼らに対して依存を助長させたり，かえって被害者に悪影響を与えることも出てくる。二次受傷は，支援者が気づかないうちに起こっていることも多い。自分自身の仕事を客観的に見つめる作業が必要となり，そのためにもスーパービジョンやケースカンファレンスの必要性がよりいっそう求められよう。

(3) スーパービジョンとケースカンファレンス

スーパービジョンとケースカンファレンスの必要性

　心理臨床，看護，保育，介護などの職場では，バーンアウトなどの新種のストレスを抱える危険性が高い。さらに対人援助職である以上，転移と逆転移（114ページコラム「転移と逆転移」参照）など，複雑な心理のメカニズムがかかわってくる。そこで，重要になるのがスーパービジョンとケースカンファレンスである。

　よりよい対人援助活動を行っていくための実践に即した指導・訓練の過程をスーパービジョンという。そして，スーパービジョンを受ける人をスーパーバイジー，スーパービジョンを行う指導者をスーパーバイザーと呼ぶ。また，ケースを対象に行われる検討会のことをケースカンファレンス（ケース会議）という。

　従来から，カウンセリングやソーシャルワークなどの臨床実践においては，実際のケースを通しての養成，訓練が行われてきた。特に初心者は今まで学ん

できた理論や技術を実際の臨床場面でどのように対応すればよいかは大きな課題となり，またケースの理解を誤ると，不適切な対応に陥る危険性がある。臨床活動を適正なものとし，また臨床家として成長するためには，ケースに即した指導「スーパービジョン」を受ける必要が出てくるのである。看護，保育，介護などの対人援助職においても同様のことがいえる。

スーパービジョンの意義

　心理面接の中で，クライエントは強い肯定的な感情を向けたり，否定的な感情を向けたりする。このような感情の中には転移によって生じているものもある。また，逆転移も問題になってくる（詳しくは「コラム　転移と逆転移」を参照）。援助者が転移・逆転移に無自覚では対人援助は誤った方向に進んでいく。援助者は自分の気持ちの動きを冷静に受けとめていなければならない。

　そのためにも，経験豊かなスーパーバイザーからスーパービジョンを受けることが必要であることが理解されよう。また，ベテランの臨床家であってもスーパービジョンを受けることに大きな意味があることも理解できるであろう。

スーパービジョンの機能

　スーパービジョンは，それぞれの機関に応じて実施されるものだが，特に福祉領域では，その機能として，次の3つがよく指摘される（狭間，2002）。

コラム　転移と逆転移

　転移とは，カウンセリングなどの治療面接場面で，クライエント（来談者）が母親や父親など，過去における重要な人物との間で体験された感情をカウンセラーに向ける現象である。

　例えば，母親にもっと依存したいのに，その依存欲求が満たされないままになっている人が，その気持ちを女性のカウンセラーへ向け，強い依存欲求を示したり，あるいは父親への強い憎しみをカウンセラーへぶつけたりすることなどが挙げられる。

　一方，逆転移とは，カウンセラーがクライエントに対して，無意識的に自分の過去および現在の生活体験に根ざした個人的な感情を向けたり，特別な反応をすることである。この逆転移に無自覚では面接は進展しない。カウンセラーは自分の気持ちの動きを冷静に受けとめていなければならない。そのために，精神分析の世界では，分析家になるためにはまず自分が分析を受けること，すなわち教育分析が求められるのである。

1）教育的機能
　臨床実践にとって必要な理論，方法，面接の仕方，アセスメント，介入などの知識や技術を実践の場で活用できるように，スーパーバイザーが教育していく働きである。
2）支持的機能
　スーパーバイジーが適切にケースにかかわっていくためには，スーパーバイザーによるケース理解のためのアドバイスや心理的なサポートが必要である。
3）管理的・評価的機能
　所属する機関の機能や組織，業務の内容などについて必要な知識を与え，勤務内容などを評価する。

スーパービジョンの形態と方法

　スーパービジョンの形態には，個別スーパービジョン，グループ・スーパービジョン，ライブ・スーパービジョン，ピア・スーパービジョンなどがある。
　個別スーパービジョンは，スーパーバイザーとスーパーバイジーとの一対一の関係でなされる。グループ・スーパービジョンは，グループを対象にしてメンバー間の相互作用を活用して行うものである。ライブ・スーパービジョンとは，スーパーバイザーとスーパーバイジーが同一の実践にかかわっていくことで，直接的に教育，訓練をしていくものである。ピア・スーパービジョンとは，仕事上の同僚との間で，また学生同士で事例検討などを通して学習を重ねていく方法である。
　また，スーパービジョンを行う場合，実践記録の利用が重要となる。この場合には，フォーマルな記録ではなく，スーパーバイジー自身が個人的に実践記録をとり，それに基づいてスーパービジョンがなされるのが一般的である。特に，転移や逆転移の分析のためには，客観的な事実だけではなく，その時々の感情など主観的な事実も記録しておく必要がある。グループ・スーパービジョンでは，ロールプレイが活用されることもある。その他に，録音テープやビデオテープなども重要な資料になる。

リフレクティング・チームの技法を取り入れたスーパービジョン

　ここで，最近注目されているスーパービジョンとして，リフレクティング・チームの技法を取り入れたスーパービジョンあるいはカンファレンスがあるので紹介したい。

リフレクティング・チームはアンデルセンらが開発した技法であり考え方である。ナラティヴ・セラピー（あるいはナラティヴ・アプローチ）の代表的な技法・考え方のひとつでもある。ナラティヴ・セラピーについては第3章を参照されたい。
　システム論的家族療法（第3章参照）ではかつて「三種の神器」という言葉があった。「ワンウェイ・ミラー」「インターホン」「ビデオ・カメラ」である。面接室と観察室がワンウェイ・ミラーで仕切られていて，観察室から面接室を見ることはできるがその逆は見えず，インターホンによって，観察室にいるセラピストと面接室にいるセラピストは適宜連絡を取り合う。こうしたセッティングが，システム論的家族療法の標準的な構造とされていた。
　こうした治療構造は，問題を客観的に分析するうえで，きわめて有効な構造といえる。しかし，この方法にも問題があった。観察室にいるセラピスト・チームの中で意見が合わないことがあり，そうなると，治療や介入の方針が定まらないという問題である（野口，2002）。
　アンデルセンらは，面接中の家族とセラピストに，今度は観察室のチームのやりとりをそちら側から見る（聞く）ようにと指示する。つまり，アンデルセンは，面接室と観察室の関係を逆転させた。クライエントのいる面接室の明かりを消し，セラピストのチームのいる観察室の明かりをつけ，クライエントがセラピストたちを観察できるようにした。もちろん，マイクとスピーカーも逆に切り替えた。「観察する側」と「観察される側」が交代したのである。こうしてセラピスト・チームのやりとりを観察したクライエント（家族）は，今度はそれを踏まえて話し合いをする。また，観察する側と観察される側が逆転する（明かりのスイッチが元に戻される）。このようなリフレクションが何度か繰り返されていくのである。つまり，ワンウェイ・ミラー越しに，2つのチームが対話をしていく。直接，相手に語りかけるのではないが，それぞれの「語り」が「新しい語り」を産み出していくというのである（野口，2002）。
　この考え方を取り入れたスーパービジョン（あるいはカンファレンス）が注目されている。取り入れ方はさまざまで，いろいろなやり方が考えられるが，筆者が行っているものは，まず，スーパーバイジーとスーパーバイザーのやりとりをフロアーが観察する。この場合，スーパーバイザーがセラピスト役，スーパーバイジーがクライエント役というロールプレイを行うことが多い。このやりとりを聞いたフロアーは率直な話し合いを行う。それを聞いたスーパーバイジーとスーパーバイザーは話し合いを行い，新たなロールプレイを行う。これ

を繰り返していくのである。この結果，スーパーバイジーは，メタ・ポジションともいうべき新しい視点に立てるようになるのである。参考にされたい。

文献

米国精神医学会．髙橋三郎他（訳）（2003）．DSMⅣ-TR精神疾患の分類と診断の手引き（新訂版）　医学書院

土井髙徳（2009）．青少年の治療・教育的援助と自立支援　福村出版

藤森和美（編）（2001）．被害者のトラウマとその支援　誠信書房

Gil, E.（1991）．*The Healing Power of Play : Working with Abused Children*　New York, Guilford Press.

狭間香代子（2002）．スーパービジョン　山縣文治・岡田忠克（編）よくわかる社会福祉　pp.98-99．ミネルヴァ書房

Herman,J.L.（1992）．*Trauma and Recovery*　Basic Books　A Division of Haper-Collins Publishers,Inc.,New York.（ジュディス・L・ハーマン（著）中井久夫（訳）（1999）．心的外傷と回復（増補版）　みすず書房）

井上公大（1980）．非行臨床　pp.147-151．創元社

亀口憲治（1997）．家族心理学からみた虐待　日本家族心理学会編　児童虐待　家族心理学年報15　pp.2-14．金子書房

神村栄一・松岡洋一（1999）．ストレスと性格　河野友信・石川俊男（編）ストレス研究の基礎と臨床（現代のエスプリ別冊）pp182-191．至文堂

小西聖子（1999）．インパクト・オブ・トラウマ　pp.96-101．朝日新聞社

Levy, D.（1939）．Released Therapy　*American Journal of Orthpsychiatry*　9　pp.713-736.

Martin,M.（1972）．The child and his development　In C.H.Kempe&R.E. Helfer(Eds)，*Helping the battered child and his family*　J.B.Lippincott, Philadelphea.

Maslasch,C.（1976）．Burned-out　*Human Behavior*　5(9)　pp.16-22.

宗像恒次・稲岡文昭・高橋　徹・川野雅資（1988）．燃えつき症候群　医師・看護婦・教師のメンタルヘルス　金剛出版

村尾泰弘（2001）．家族臨床心理学の基礎　北樹出版

西澤　哲（1999）．トラウマの臨床心理学　pp.174-186．誠信書房

野口祐二（2002）．物語としてのケア　医学書院

奥田　亮（1999）．ストレス　氏原　寛他（編集）カウンセリング辞典　pp.343-344．ミネルヴァ書房

大野　裕（2000）．「うつ」を治す　PHP研究所

Putnam,F.W.（1997）．*Dissociation in Children and Adlescents A Developmental Perspective*　The Guilford Press　New York, London.（フランク・W・パトナム（著）

中井久夫（訳）(2001). 解離　若年期における病理と治療　みすず書房）
Russell, D. (1986). *The Secret Trauma*　New York. Basic Books.
田尾雅夫・久保真人（1996）. バーンアウトの理論と実際　誠信書房
Terr,L.C. (1981). Forbidden Games：Post-traumatic Child's play　*Journal of the American Academy of Child Psychiatry*　20　pp.741-760.
堤　賢・高橋利一・西澤　哲・原田和幸（1997）. 被虐待児調査研究　日本社会事業大学社会事業研究所年報　第32号　pp.213-243.

第5章

さまざまな少年非行

1 発達障害と少年非行

(1) 発達障害とは

　発達障害は新しい用語であり，この用語の対象も定義も専門領域や使用する人ごとに異なり，現段階において，明確な定義や一定の共通認識があるわけではない（羽間，2008）。
　歴史的に，発達障害（Developmental Disorders）という医学的用語がよく使用されるようになったのは，アメリカ精神医学会の診断基準のDSM-Ⅲ-R（1987）において発達障害という上位概念が生まれた後のようである。DSM-Ⅲ-Rにおける発達障害は，「精神遅滞」（知的障害），「広汎性発達障害」，学習能力障害などの「特異性発達障害」，注意欠陥多動性障害などの「その他の発達障害」から構成されていた。改訂版のDSM-Ⅳ（1994）になると，発達障害という上位概念は消え，「通常，幼児期，小児期または青年期に初めて診断される障害」という用語に変わった。このように，DSMにおいては，発達障害という概念が続けて使用されることはなかったのだが，一般には発達障害という用語は頻繁に使用されている。そして，多くの場合は，上記の障害のうち，精神遅滞，広汎性発達障害，学習障害，注意欠陥多動性障害を総称して，発達障害ということが多いようである（羽間，2008）。
　なお，2005年4月1日に施行された発達障害者支援法においては，発達障害とは，「自閉症，アスペルガー症候群その他の広汎性発達障害，学習障害，注意欠陥多動性障害その他これに類する脳機能の障害であってその症状が通常低

年齢において発現するものとして政令で定めるもの」と定義されている。同法において精神遅滞が除かれているのは，知的障害者については知的障害者福祉法などの法律がすでに制定されており，発達障害者支援法がこれまで支援を受けられなかった人たちへの支援を意図したからとされている（竹内，2008）。

(2) 少年非行と発達障害

非行臨床において，発達障害がよくとりざたされるようになったのは，2000年代に入ってからである。

ここでは，注意欠陥多動性障害（ADHD）と広汎性発達障害（自閉症，アスペルガー症候群等を含む）を取り上げて少年非行との関連を考察してみたい。

コラム　自閉症，広範性発達障害，アスペルガー症候群，注意欠陥多動性障害（ADHD）

自閉症は，①目と目が合わない，友人関係が乏しいなどの社会的相互交流の質的障害，②話し言葉の遅れ，ジェスチャーが伴わない，言葉を字義通りに受け取るなどのコミュニケーションの質的障害，③想像力の障害とそれに基づく行動の障害（こだわり行動）という3つの中核症状をもち（Wing，1981），幼児期に明らかになる。アスペルガー障害（症候群）は，以上の3つの中核症状があるものの，言葉の数の獲得に遅れがみられないものである。

自閉症とは，生来の社会性の障害を中心とする臨床的症候群である。臨床的症候群とは，多くの原因をもっているが同じ行動的な特徴をもつグループという意味であるが，自閉症も単独の疾患ではなく，さまざまな基礎障害と多彩な症状をもつ症候群であることが明らかになった。

また，近年，自閉症と同質の社会性の障害をもつ類似の病態がいくつもあることが明らかとなった。これらの自閉症的な病態をもつものを広く捉えたものを広汎性発達障害と呼ぶ。この呼称の意味はこのグループが，言葉の問題，社会性の問題，協調運動の問題と広汎に障害を生じるからである（以上，杉山，2001　白石，2004を参考にした）。

広汎性発達障害は，「自閉症スペクトラム」とも呼ばれる。広汎性発達障害には，自閉症（自閉症障害），アスペルガー障害（症候群），特定不能の広汎性発達障害などが含まれる。

注意欠陥多動性障害（ADHD）は，知能は正常であるのに，よく動き，トラブルを繰り返すもので，多動，集中困難，衝動性の3つが主な症状である。仮死など出生前後の障害があったという既往をしばしば持っている。近年，しばしば学級崩壊という言葉が聞かれるが，このADHDの子どもがクラスに何人か揃うと，学級崩壊の引き金になることがある。そういう意味でも，現在，最も話題になる発達障害のひとつである。

まず押さえておきたいのは，これらの発達障害の一次的な症状として非行行動があるわけではないということである。これらの発達障害を有する者が，何らかの「生きにくさ」をもち，それが非行をもたらす。つまり，あくまで二次的な問題として非行が生じるのである。発達障害が直接非行に結びついているわけではないことに留意する必要がある。この点は重要であるので強調しておきたい。

さて，注意欠陥多動性障害と非行の関連性については，しばしば指摘されている。すなわちADHDと反抗挑戦性障害，行為障害の関連である。

田中（2005）は，法的用語の非行，不良行為を精神科領域では反抗挑戦性障害と行為障害と呼ぶと述べている。反抗挑戦性障害とは，「かんしゃく，口論，規則への抵抗拒否，故意に相手をいらだたせる，不作法な振る舞い，頻回な怒りや腹立ち，意地悪，執念深さ」といった拒絶的，反抗的な行動が6カ月以上持続する，と定義される。一方，行為障害は，反抗挑戦性障害の特徴に加えて「嘘，窃盗，危険物の所持，放火，家出，性的行為の強要，頻回ないじめ，他人の家や車に押し入る」といった他人，動物への攻撃性，所有物への破壊，嘘や窃盗，重大な規則違反や怠学が，6カ月以上持続すると定義される（田中，2005）。

ADHDと非行行動の関連については，ADHDの一部が反抗挑戦性障害となり，さらにその一部が行為障害になり，さらにそのほんの一部が反社会性人格障害になるという指摘がある。これは「破壊性行動障害マーチ」とも呼ばれている（齋藤，2005）。図5-1を参照されたい。

広汎性発達障害については十一（2004）による見解が特性との関係を最もよ

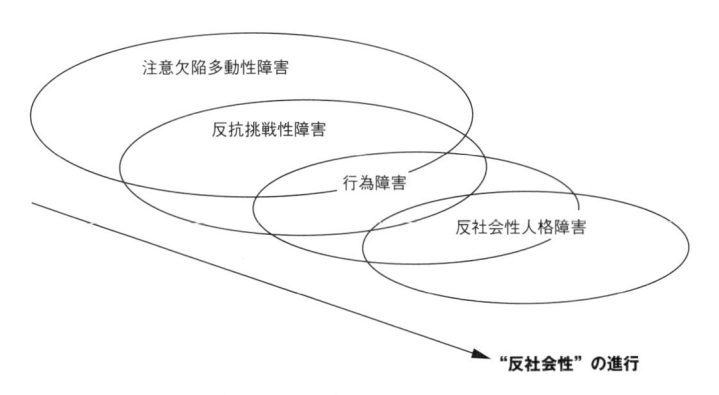

図5-1　行動障害群の展開（田中，2005）

く示している（田中，2005）。すなわち，場をわきまえずに相手に触れるといった本来の社会的障害から生じる行動が，時と場合によっては社会的に好ましくない行動となる（一次障害）。二次的なものの出現としては，パニックの際，偶然相手をたたくなどの危害を加える場合が早期関連障害であり，強い不安や過去の記憶へのタイムスリップから現実検討がややくもり，不安や脅威を避けようとして相手を突き飛ばすという行動が出ることもある。比較的長期間の生きにくさがあった場合，自己中心的な解釈から被害関係念慮を抱くようになり，先手の暴行を加える場合もある。さらに思春期以降の性衝動が加わる場合もある。

人が死ぬところを確認したい，自分で飛行機を操縦したいといった好奇心を実行に移してしまう場合もある。また，障害特性から生まれる自然・物理現象を確認，証明したい知的好奇心からの直裁的な行動が非行・犯罪となる場合は理科実験型と呼ばれたりする。

広汎性発達障害のある人たちは，時に無理に過剰な対人交流をとろうとする。そうした負荷がさまざまな逸脱行為を示すこともある。

さて，自明のことであるが，ADHDや広汎性発達障害のあるすべての人が，非行行動を示すわけではない。非行・犯罪はあくまで二次的なものである。つまり，つまずきがつまずきを呼ぶ悪循環が生じたときに生じるあくまで例外事項であることに留意しなければならない。

(3) 広汎性発達障害と犯罪

近年，日本で，少年による猟奇的色彩の強い加害事件が散発し，そのうちの何人かが，精神鑑定でアスペルガー障害（アスペルガー症候群）などの広汎性発達障害を有するとの指摘がなされた。例えば，2000年に愛知県豊川市で発生した17歳の少年による主婦殺害事件では，加害少年が「人を殺してみたかった」と述べたことが報道され，社会は大きな衝撃を受けた。この少年は，家庭裁判所の調査段階において実施された精神鑑定により，アスペルガー障害を有しているとの指摘がなされた（高岡，2009）。ただし，同少年に対する家庭裁判所の決定要旨では，広汎性発達障害が事件に直接結びつくわけではないことが明記されていた。しかし，その後，同様に，少年が惹起した事件で，加害少年が広汎性発達障害を有すると精神鑑定で指摘された事例について，あたかも同障害が非行に結びつくかのような解説や報道がなされたこともあって，広汎性発達障害が非行の動因であるというような誤解が生じてしまっている。そし

て，現在，少年非行の専門家や児童精神科医を中心として問題とされているのは，障害の過剰診断である（羽間，2008）。

そもそも，発達障害を有する場合であろうと，そうでない場合であろうと，家庭裁判所で保護観察処分の決定を受けたり，少年院送致となるような要保護性の高い少年の事例に多く認められることは，被虐待やいじめられ体験などの被害体験であり，そして，自分を大切に思えないというような自尊心の低さである。

少年少女のうち，家庭生活に限らず生育環境が不安定であったり，あるいは，その子どもの性質や希望にそぐわない教育やかかわりを継続的に受けるなど，過酷な環境の中で生活してきた過去を持つ少年少女は少なくない。このような環境の中で育ち，その後も適切なかかわりを充分に受ける機会に恵まれず，さらに，いじめなどの被害体験が重なった場合などにおいては，その子どもは，自己肯定感や自尊心を充分に育めなかったり，あるいはその自尊心が低下してしまいがちになる。もちろん，虐待などの被害体験を有する子どもが皆，非行に走るわけではないことはいうまでもない。しかしながら，要保護性の高い非行少年が，不安定な環境に至り，その子どもにとって不適切と言わざるを得ない環境の中で生きてきた歴史を有していることは，一方でまた事実である。そして，広汎性発達障害を有するか，そうでないかにかかわらず，非行に結びつきやすいのは自尊心の低さ，ないし，その急速な低下である（羽間，2006）。

非行は，何か特定の"原因"から生じるものではなく，その子どもの心理的要因，社会的要因，場合によっては生物学的要因など，多様な要因がからみあって生じる現象だから，たとえ発達障害を有する事例でも，同障害を非行の動因として結びつけることは論理の飛躍である（羽間，2008）。

もしも，発達障害を有する非行少年であるならば，その少年の歴史を丁寧に踏まえ，かつ，当該少年，少女らの対人関係やコミュニケーションなどの特徴を理解したうえで，どのような処遇選択や関与が教育的・福祉的であるのかを慎重に検討することが重要である。さらには，発達障害を有していない事例も含め，一人ひとりの少年少女の問題性と特性に応じた適切なかかわりを実現していくことが，非行少年を取り巻く大人に，まず求められる課題だと言えるだろう（羽間，2007）。

精神科医である高岡（2009）も，「発達障害の見落としは論外だが，広汎性発達障害に少年事件の直接的原因を求める考え方は，……誤りだ。障害に事件の原因を還元してしまうと，見えたはずのものが見えなくなってしまう。つまり，

……重要な背景が，覆い隠されてしまうのだ」と指摘している。そして，寝屋川市教職員殺傷事件[1]を例に挙げて，「このような病的精神状態は，やはり現実の中で追いつめられ，救援が得られない状況で発生するものだ。広汎性発達障害は，せいぜい，それらが相対的に発生しやすくなる一因でしかない」と述べている。

　この高岡の指摘は非行臨床家にとって非常に重要なものである。広汎性発達障害を有する少年による犯罪は，しばしば「猟奇的」な色彩を帯びる。また「反省がない」という決めつけも起こる。しかし，鑑定によって，広汎性発達障害であることが判明したとしても，それだけで事件は解明できたといえるのであろうか。加害者が仮に広汎性発達障害を有するものであったとしても，問題はどのように現実の中で追いつめられ，犯罪に至ったかということであろう。それこそが問題なのではないだろうか。

　次に，伊豆の国市タリウム事件を例にとって，高岡（2009）の指摘を考察してみたい。

(4) 伊豆の国市タリウム事件（高岡，2009）

　2005年10月31日，静岡県伊豆の国市に住む県立高校1年生の女子生徒C子が，殺人未遂容疑で逮捕された。調べでは，C子は8月上旬から10月20日頃の間，殺鼠剤として使われるタリウムを，母親に摂取させた。このため，母親は筋力低下や呼吸障害などをきたし入院したが，その後，意識不明の状態に陥った。入院後も母親は，何らかの形で，タリウムを摂取させられていたとみられる。しかし，逮捕されたC子は，容疑を否認した。C子は両親と兄に祖父母を加えた，7人家族である（『毎日新聞』2005年11月1日）。

　C子は，学校では化学部に所属し，薬品に対する知識が豊富で，タリウムなど数種類の薬物を，自室に保管していた。また，自室から押収されたデジタルカメラとパソコンには，病室の母親の姿が何回かにわたって撮影された画像が残っており，ベッドに横たわった重体の母親の顔も収められていた。さらに，小動物を解剖した様子を撮影した画像もあった。加えて，自室からは，英国の連続毒殺犯グレアム・ヤングについて記した『毒殺日記』という本もみつかった。C子は，中学の卒業文集で，好きな人物としてグレアム・ヤングの名を挙げていた（『読売新聞』2005年11月3日）。

　C子は，自らのブログに，「母親しかいない昼間に，（目を盗んで）飲み物に薬物を混ぜた」と記述していることがわかった。C子は，自宅近くの薬局で，「実

験に使う」としてタリウムを注文し，2回に分けて受け取っていた。なお，C子が「父親は小遣いをくれるので好き，母親は好きではないが嫌いでもない」と，供述していることもわかった（『産経新聞』2005年11月3日）。

　当初，C子は犯行を否認していたが，否認のまま精神鑑定が行われ，家庭裁判所に事件送致がされた。ところが，事件は急展開し，4月6日に父親が面会した直後，C子は付添人弁護士に対して，「僕がやったんだ（C子は自分のことを「僕」と呼んでいる）」とタリウム投与を認めたのである。読売新聞2006年5月1日によれば，父親が「障害をきちんと治療して，事実をきちんと認めて戻ってくれば，受け入れてあげるよ」と諭したのがきっかけであるという。

　このような経緯を経て，家庭裁判所での審判が行われた。高岡（2009）にしたがって決定要旨をまとめると，「精神鑑定の結果などによれば，少年（C子のこと）には幼児期から発達上の問題が存在し，これを基盤としつつも，後天的に形成された人格の歪みも認められる。これらが非行の原因に深くかかわっていること，非行当時もこれらの影響下にあり，責任能力の否定や著しい減弱までには至らないが，是非弁別能力行動制御能力が，ある程度阻害されていたことが認められる」とされた[2]。

　審判は，「精神科医など専門家による，少年の内面に深くかかわった強力な働きかけが必要」として，医療少年院送致決定となったのである。

　しかし，「発達上の問題」とは何か。また，「後天的に形成された人格の歪み」とは何か。そして両者はどう関連しながら，事件と結びついているのか。家裁決定を読んでみても，このような問題を払拭できないと高岡（2009）は疑問を提示する。まさにこれらの点こそが解明されなければならないというのである。これを考えるにあたり，C子のブログ（『週刊文春』2005年11月17日号）を見てみることにしたい。

ブログの内容

8月19日　嫌疑「昨日から母の具合が悪いです。全身に発疹が起こり，特に顔面に症状が強く出ています」
8月24日　小さな友達「眩しいほどに晴れ　酢酸タリウムが届きました」
8月26日　浸透「お腹が痛いです。原因は解っています。タリウムです。昨日，それの水溶液を誤って指に付けてしまったのです」
9月12日　弱く強い力「今日も母の調子は悪いです。2，3日前から脚の不調を訴えていたけど，ついにほとんど動けなくなってしまいました」

この部分だけを読めば，C子の犯行がいわゆる理科実験型の様相を呈しており，いかにも冷徹なまなざしで母親を「観察」しているように見える。情緒的に潤いのない道徳観の欠如を感じるかもしれない。
　しかし，次の記述を見てみよう。

7月12日　価値「今日は保育体験実習に行きました。其処の保育園で四歳児の世話をしました。彼らはとても可愛いです。彼らは僕を必要とし，求めてくれます。僕に存在価値を見出してくれるのです。僕にも存在価値があったなんて，今まで受けた悲しみが，少し慰められた気がします」

　C子は内面に豊かな情緒を有していることがわかる。また，道徳観の欠如があるわけもないことがわかる。
　さらに次のブログはどうだろうか。

7月19日　疼き「ずっと闇の中で蹲っていて，やっと手を差し伸べてくれたと思ったら，すぐに離された。最後まで助ける気がないのなら，最初から無視してくれればよかった」
7月19日　流れと波「そんなことは在りえないけれども，もし，一度だけ生まれ変われるとしたら，僕は植物になりたい。大きな喜びは無いけれど，代わりに深い悲しみもない」

　この記述はC子が悩める人間であることを示している。また，C子が深い情緒的な感受性も持ち合わせていることが確認できる。
　この犯罪を，単純に「理科実験型」と呼ぶだけで，事件が理解できるものではないことがわかる。確かにC子は普段，小動物を解剖していたとのことである。しかし，高岡（2009）は，「C子によるタリウム投与が実験であるためには，C子にとって，母親が小動物と同列の『生き物』にすぎないことが前提になる。だとすると，何が母親を他の小動物と同じ『生き物』にまで，押し下げてしまったのか。この問いこそが，解かれるべき最も重要な課題だといえる」と述べる。筆者もまったく同感である。
　高岡（2009）は，この事件の真相を「C子の『発達上の問題』が，偶然の対象として，母親を選んだのではない。その前に，いじめによる苦しみがあり，

それに気づくことができなかったがゆえに、母親はC子の支え手となりえなかった。だからこそ、C子と母親の関係が切れてしまったのである。それが、『母親は好きでも嫌いでもない』という、C子の供述の意味だった。こうして母親の存在は、他の小動物と同じ位置まで、押し下げられていったと考えられる」と解釈する。

この解釈の是非はともかくとして、発達障害に少年事件の直接的原因を求める考え方は誤りであることを強調しておきたい。筆者の知る限り、理科実験型と呼ばれるような犯罪内容であったとしても、そこには必ず生きにくさに苦しんでいる姿が認められる。発達障害が事件を引き起こすのではない。その「生きにくさ」が犯罪へと追いやるのであって、事件の解明のためには、その生きにくさと犯罪の関連性が重要なのである。

2　万引き

(1) 万引きの動向

従来、万引きはグループで行われることが多いと指摘されてきた。例えば、仙台家庭裁判所で女子高校生の万引きを調査した箭内仁によると、万引きは集団で行われることが多く、男女全体の共犯率は、中学生81％、高校生74％、その他64％で、低年齢ほど集団で行われる傾向が強い（福島、1985）。しかし、最近の傾向を見ると、単独犯が増えてきている印象がある。神奈川県警察がまとめた「万引きの実態等に関する調査結果」（神奈川県警察、2006）によると、平成元年では、単独と2人以上はほぼ同率であったが、平成17年は単独が上回っている（表5-1）。また、男女比では、平成17年では女子が上回っている（表5-2）。

表5-1　単独かグループか
(神奈川県警察, 2006)

	平成元年	平成17年
単独	48.4%	66.3%
2人以上	50.8%	33.7%
無回答	0.8%	0%

表5-2　万引きした少年の男女比
(神奈川県警察, 2006)

	平成元年	平成17年
男子	124人 (49.6%)	33人 (31.7%)
女子	126人 (50.4%)	56人 (62.9%)

(2) 万引きの実際

事例　女子　高校1年生（集団での万引き）

　M子（高校1年生，16歳）は，ブティックで衣料品を万引きをして捕まった。今までに補導歴はない。高校にもごく普通に通っている。ところが，警察が調べてみると，彼女はこれまでに十数回万引きをしていると話し，盗んだ物の総合計額は10数万円にも上っていることが判明したのである。

　M子が万引きをするようになったきっかけは，3カ月ほど前のある事件からである。M子は，V子，W子，X子と学校帰りに大型スーパーに立ち寄った。スーパーには特に用事はなく，暇つぶしに立ち寄ったのである。ところが，そのとき，V子が口紅を手早くバッグに入れて万引きしたのである。4人は足早にスーパーを出て，この万引きは見事に成功してしまった。「この店は簡単に万引きができるということを友達から聞いていた」とV子は言い，M子はこれほど簡単に万引きができることを初めて知ったという。それから，M子は万引きをするようになり，ますます弾みがついた。4人はお互いに万引きをしては戦利品を見せ合うようになった。

　万引きの特徴は罪悪感が希薄だということである。神奈川県警察の資料（神奈川県警察，2006）によれば平成17年の調査では，「捕まった原因」についての質問に，少年たちは，別に原因などない（53.6％），運が悪かったから（26.2％）などという回答を挙げている。非常に軽い気持ちで万引きに及んでいるのである。

　また，みんながやっているという思いも犯罪の大きな動機である。

　表5-3を見ていただきたい。

　神奈川県警察の資料（神奈川県警察，2006）によると，万引きをした少年少女のうち，約4割以上の者が，「かなりの人がしている」「誰もがしている」と認識している。

　福島（1985）によれば，家庭裁判所に送られてくる少女たちに，「100人の高校生のうちに何人が万引きをしていると思うか」と尋ねると，半数以上が「20人か30人ぐらい」と答えるのだという。しかし，当時の総理府の調査によれば，実際の万引き経験者は3％前後であり，大きな開きがある。すなわち，万引きを

表5-3　規範意識（万引き）（神奈川県警察，2006）

	平成元年	平成17年
誰もがしている	1.3%	6.0%
かなりの人がしている	38.9%	40.5%
している人は少ない	31.6%	38.1%
ほとんどしていない	26.5%	9.5%
無回答	1.7%	6.0%

する若者たちの間では、実際以上に万引きは多くの人たちがやっているという歪んだ認識があり、そのことが、この非行のひとつの動機にもなっている。「みんながやっているから」という歪んだ認識は、犯罪を犯すことに対する罪悪感を軽減すると考えられるのである。

また、「みんながやっているのに自分だけやらないと、仲間はずれになる」「弱虫に思われる」「みんなと同じことをして、仲間として認められたい」という思いが、「同調行動」としての非行を促していく。

さて、表5-4、5-5の2つの表（神奈川県警察、2006）を見ていただきたい。万引きをしたとき、多くの少年少女たちが現金を所持していることがわかる。1万円以上の現金を所持していた少年少女が14.3％もいるのである。万引きの動機として、「お金を出して買うのがばかばかしかったので」（14.3％）ということにもなるのであろう。

事例　N子（高校1年生・16歳）

N子はブティックでセーターを万引きして捕まった。家庭は父親は一流企業のサラリーマン。母親は時々パートで仕事をしている。経済的には裕福と思われ、月2万円の小遣いをもらい、さらにアルバイトで月3万円程度の収入を得ている。金銭的には、不自由のない生活をしていると考えられる。しかし、仲

表5-4　万引きをしたときの所持金（平成17年）
（神奈川県警察、2006）

所持金なし	9.5％
500円未満	20.2％
500円以上1000円未満	11.9％
1000円以上5000円未満	36.9％
5000円以上1万円未満	7.1％
1万円以上	14.3％

表5-5　万引きの動機（平成17年）（神奈川県警察、2006）

どうしても欲しかったので	38.1％
その場で急に欲しくなったので	16.7％
お金を出して買うのがばかばかしかったので	14.3％
友達と居て、何となく	10.7％

よくなった友人から万引きの見張り役を頼まれて手伝い，分け前として5000円相当の装身具をもらったことに味をしめ，今度は1人で本件を敢行し捕まってしまった。補導後，警察官の印象では，N子は，「欲しかっただけ」「(友人の)Y子だって(万引きを)やっている」など罪悪感が希薄で困ったという。

「自分だけお金を出すのはつまらない。損だ」という動機は，女子の万引きの動機としては比較的多い。年頃の女子にとっては，自分が欲しい物，流行のもの，ちょっと大人っぽいファッションなどと，親が買い与えてくれるものとの間にズレがあるのが普通である。これが万引きの動機になることもある。一方，男子の万引きでは，勇気試し，能力の証明，仲間意識の確認，スリルを楽しむ，などの遊戯的・冒険的な動機が比較的多い。

このような万引き少年少女の予後は，おおむねよい。彼らは，まず，悪友ともいうべき友人から自然に離れ，苦い思い出のある店に行かなくなる。一度お灸をすえられると，あえて反復して万引きを続けることはしない。盗癖が習慣になる者は比較的少なく，捕まった者も捕まらなかった者も，この非行を青春のつかの間の冒険として忘却していくのである。

しかし，不良集団の一員として万引きや自転車盗などを行っている者の場合，盗みは他のあらゆる種類の犯罪へ発展していく。

事例 O（高校2年生・17歳）

万引きで捕まった男子である。被害金額は18000円程度。家庭裁判所の係属歴はない。高校にも在籍している。特に問題もないと思われた少年である。しかし，家庭裁判所の調査の呼び出しに2回の不出頭が続いた。ただし，そのたびごとに親からの連絡があり，「学校の行事がある」「熱が高い」などの理由で出頭しなかった。ところが，蓋をあけてみると，この男子は父親との関係が非常に悪く，家にあまり帰らない状況が続いており，そのために出頭できなかったことが判明したのである。家庭では母親に暴力を振るい，家具を壊したりしている。

このように少年事件については，事件が軽微だからといって軽視してもよいということにはならない。少年少女の万引きの取り扱いは，動機・パーソナリティ・環境などについての科学的な調査・鑑別を行ったうえで慎重に決定しなければならない。少年事件では14歳以上の場合，犯罪事件はすべて家庭裁判所に送られてくる。全件送致主義と呼ばれるものだが，これは少年事件あるいは少年非行一般を考えるうえでの，重要なキーワードである154ページ参照）。

(3) 凶悪事件と軽微事件

ここで，事例をひとつ挙げてみたい。

事例　強盗事件──凶悪事件と軽微な事件
　4名で原付バイクに乗っている少年を呼び止め，暴力を振るって原付バイクを強奪した。
　彼らの動機は単純である。どうしても原付バイクに乗りたかったのだという。単に乗りたいだけであれば，バイクを盗めばよいのである。通常，少年たちは，直結という手法（エンジンカバーをはずして配線を操作することでエンジンをかける），あるいはハサミを鍵穴に差し込んで強引に回してエンジンをかける。ところが，本件の少年たちはそのような手法を知らなかった。そこで，いきおい暴力を振るってバイクを強奪したのである。単にバイクを盗んだというのであれば，オートバイ盗であり，軽微な事件である。しかし，本件のようになれば強盗事件であり，凶悪犯罪ということになる。彼らは直結という方法を知らないがゆえに，強盗に及んでいる。見方を変えれば，彼らは，手口などの不良文化を教わる不良集団との関係が希薄なのである。このことを考えれば，この事件は非行性が進んでいるというよりもむしろ，幼稚な非行と理解するほうが適切ではないだろうか。
　万引き，オートバイ盗などの軽微事件は簡単に手を染めやすい。しかし，軽視してはいけないことが理解される。そこには凶悪犯罪への発展が待ちかまえている。軽微事件と凶悪事件の垣根は意外に低いのである。

3　いじめと児童虐待──その共通の課題とは

(1)　なぜ「いじめ」は悪なのか

　まず最初に，なぜ「いじめ」は悪なのかという疑問から出発してみたい。
いじめに似たものとして喧嘩がある。しかし，いじめと喧嘩は相違点がある。では，どこがどのように違うのであろうか。喧嘩に関しては，喧嘩両成敗という言葉があるが，そこには，一方だけを罰することはよくないという意味が込められている。
　かつて筆者は，いじめについて「いじめとは被害者にしてみれば，絶対に勝

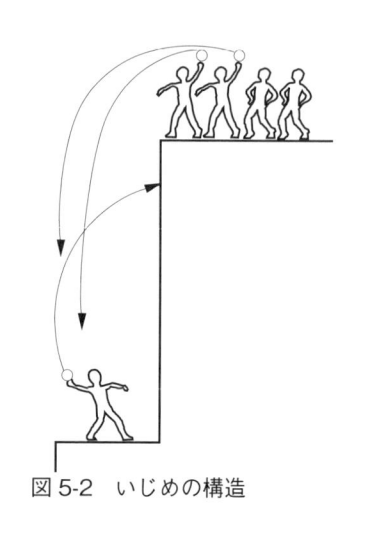

てない喧嘩に引っ張り込まれるようなもの」と指摘したことがある（村尾，2001）。

図5-2を見ていただきたい。崖の上から，集団で崖の下の相手に石を投げている。崖の下の子どもも石を投げるのだが，崖が高いので相手に届かない。結局，崖の下の子どもは傷だらけになってしまい，崖の上の子どもはそれを見て笑っている……「いじめ」とはこのような構造になるのである。

いじめる側は安全な場所に身を置いている。自分たちは絶対に負けないという状況で相手に一方的に攻撃をしかけるのである。そして，相手が苦しむ様子を見て喜ぶという残忍なところがある。

図5-2　いじめの構造

この図からわかるように，いじめとは，被害者は絶対に勝てない構造になっている。だから，いじめは悪なのである。この点で，通常の喧嘩とは根本的に違うことを留意すべきである。

(2) いじめと児童虐待の類似性

さて，この構図は児童虐待にもいえることである。虐待の加害者である親は，被害者である子どもに対して，力・パワーの差が歴然としている。まさに子どもは親に絶対に勝てない構造になっているのである。

このように見ていくと，いじめと児童虐待（以下，虐待と略す）には類似性が見て取れる。本論では，いじめと虐待を対比しながら，その核心には何があるか，今，何を最も考慮しなければならないかを論じてみることにする。

(3) 現代のいじめの特徴

小林（1985）は，現代のいじめの特徴として，陰湿，長期化，正当化，偽装，巧妙化の5つの点を挙げた。筆者はこの観点を基本にして，陰湿，長期化，正当化，隠蔽，巧妙化の5つの点を現代のいじめの特徴として整理してみた（村尾，2001）。「偽装」ではなく，もっと直接的に「隠蔽」という言葉で整理してみたのである。以下，これらの特徴をまとめてみる。

第1は，陰湿さが挙げられる。「無視」「仲のよい二人を闘わせて見物する」

「性器を攻める」など陰湿な手口が認められる。

第2は，長期化である。高学年になるほど期間が長くなり，短くても2週間，長いものは1学期，2学期，あるいはそれ以上も続く。なかには2年，3年と続くものもある。

第3は，いじめを正当化しようとする加害者側の姿勢である。多くの子どもたちが自分のいじめ行為を正当化しようとする。例えば，いじめている相手に対して，「あの子はいつも約束を破る」「クラスのルールを守らない」など，あたかも自分のいじめ行為が正当なものだというような弁解をするのである。

第4は，隠蔽である。現代のいじめは隠蔽され，周囲から見えにくいのが特徴である。いじめっ子だけでなく，いじめられっ子までもが，いじめを隠そうとすることが頻繁に認められる。

第5は巧妙化である。年齢層が上がれば巧妙化するのは当然だが，小学生のいじめであっても，ひどいものでは，人にわからない部分，例えば，下腹部などを集中的に襲うなど悪質で巧妙な手口が認められる。

(4) いじめにおける正当化と隠蔽の問題

筆者は，この中でも正当化と隠蔽がいじめの対応に際して最大の課題になると考えている。

加害者側の最大の課題は正当化である。前述したように，加害者の多くが「いじめ」を正当化する考えや気持ちを持っている。この正当化の気持ちがあるために，親や教師の指導がなかなか響いていかないのである。

一方，被害者側についての最大の課題は「隠蔽」だと考えている。加害者だけでなく被害者までもいじめを隠そうとする。この被害者側の隠蔽があるために，自殺するまでいじめの深刻さに気づかなかったというような悲劇的な事態も生じるのである。

さて，ここで改めて考えてみたいのは，なぜ被害者までがいじめを隠そうとするのか，ということである。

第1は報復を恐れるためである。「いじめを告げ口すると，二倍返し，三倍返しのいじめが返ってくる」と言われている。また，実際にそのようにいって脅しをかける加害者も少なくない。

第2は親や教師への不信である。子どもたちには，親や教師に相談してもどうにもならないという諦めの気持ちがあるのである。この2つは一般によく指摘されていることである。筆者はこの2つにもうひとつの理由を付け加えてい

る。そして，この３番目の理由を深く考えるべきだと考えている。
　この第３の理由とは，被害者にも自尊心があるということである。
　どんな弱い子にもいじめくらい自分の力でなんとかしたいという気持ちがある。それができないから悔しいのである。惨めなのである。いじめを告白することは自分の弱さを吐露することに他ならない。告白することは屈辱感を味わうことになる。だから隠そうとするのである。
　被害者にも自尊心があることを忘れてはならない。親や教師は，もし，子どもがいじめを告白した場合は，このようなつらい気持ちを乗り越えて，やっとの思いで告白したことを受けとめる必要があるだろう。

(5)　虐待における正当化と隠蔽の問題

　この正当化と隠蔽の問題は虐待にも当てはまることである。
　虐待する親は自分の虐待行為に対して正当化の姿勢を示す。多くの場合は，「虐待ではなくしつけだ」と主張する。また，虐待は「子どもが言うことを聞かないので叱った」等と，しつけを口実に行われることがきわめて多いのである。
　同様に，隠蔽が生じる。虐待親が虐待行為を隠蔽することはもちろんだが，被虐待児も虐待を隠そうとすることが多い。このことが，虐待を複雑な問題にしている。実は，虐待が表面化しにくい背景には，子ども自身が虐待を隠そうとすることが大きな問題なのである。正当化と隠蔽，とりわけ隠蔽がもたらす弊害は大きいといえる。この隠蔽の背後にはどのような心理機制が働いているのであろうか。

(6)　「家に帰りたい」と「僕・わたしが悪い」

　さて，この隠蔽にかかわるエピソードとして福祉施設関係者からしばしば聞かれることに，「虐待を受けたにもかかわらず，被虐待児は『家に帰りたい』と訴える。あんなひどいことをする親でも，親が一番いいのだろうか」という疑問と，「明らかに親が一方的にひどい行為を繰り返している場合であっても，『僕が悪い』と被虐待児が訴える」という疑問の声である。この２つの内容は同時に聞かれることもしばしばある。関係者が首を傾げたくなる問題である。
　これらの言動は虐待を隠蔽し，事態を複雑なものにしてしまう。この問題を考えることで，隠蔽の背後にあるものが見えてくるのではないだろうか。
　まず第１の疑問として，なぜ彼らは「家に帰りたい」というのだろうか。
　ひとつには依存性の高さが考えられる。親が不適切な養育を行うと，自立性

の確立した子どもが育つのだろうか。逆である。特に厳しすぎる親の対応は，しばしば依存性の高い子どもを生み出す。自分で考えて自分で行動できなくなるのである。虐待についても同じことが考えられる。親から虐待を受けた子どもは，親への恐怖心を募らせると同時に親への依存性もまた高めてしまう。親へ肯定的な感情を持つというよりも，親から離れられなくなるのである。

このことはDV（ドメスティック・バイオレンス）の被害者にも当てはまる。DVの被害者の中には，命からがら加害者のもとから逃げだし，いわゆるシェルターと呼ばれる施設で匿われることがある。ところが，そこへ暴力を振るう夫が訪ねてくることがある。施設の職員が夫に連絡を取るわけがない。被害者たる妻が夫に連絡を取ってしまうのである。また，「被害者をどうにかシェルターに送って，ほっとしていたら，その被害者本人が自分で家に戻ってしまった。やりきれない」といった支援者の声も聞く。これは被虐待児が「家に帰りたい」と言い出すことと近似している。DVの被害者もトラウマ体験，あるいは幼少期の生い立ちなどから，自立性が養われておらず，暴力を振るう夫であっても依存せざるを得ない一面を有すると解される。「夫は怖い，でも，一人ではいられない」といった複雑な心理になるのであろう。また，そのようなDV被害者は，親から暴力的な対応を受けてきたことがしばしば指摘される。やはりその根底にはトラウマ体験が災いしているのであろう。

さて，被虐待児に戻ろう。

初めて施設に連れてこられた状況を想定してみよう。ある程度良好な環境適応力をもつ健康児であっても，こころの中は不安でいっぱいのはずである。まして虐待などの不適切な養育を受けた子ども，つまり自立性や適応力が育っていない子どもであればどうだろうか。その不安はきわめて高く，恐怖心にうちふるえていると考えたほうがよいだろう。

「家に帰りたい」。これは，心理臨床的観点に立てば，「ここにいるのが不安だ」「ここにいるのが怖い」こういうきわめて高い不安と恐怖心から出たこころの叫びとして，しっかりと受けとめるべきであろう。

そして，次に「僕・わたしが悪い」という一見矛盾を抱える自虐的な言動である。実は，ここに隠蔽の核心が秘められているのである。

(7) 隠蔽の背後にあるもの

いじめも虐待もともに被害者がトラウマを抱えることでは共通している。小西（1999）は，トラウマ体験のあとで出てくる特徴的な感情等として，(1)恐

怖，(2)怒り，(3)自責の3つを挙げている。この(3)自責が災いしていると考えられるのである。第4章103ページも参照されたいが，トラウマを抱える被害者は，強い自責感を持ちやすい。いじめと虐待の被害者は，いずれもその告白において，後ろめたさや強い躊躇が認められる。しかも，新聞報道でもしばしば取り上げられるように，それが加害者をかばう形で顕現することも多いのである。それは，背景にこの「トラウマによる自責感」が災いしていると考えられる。だから，これらの被害者への対応において，最も注意しなければならないのは，このデリケートな自責感ということがわかる。被害者であるにもかかわらず，自分を責めている点，もっとつっこんで言えば，自分を責める方向に追いやられている点を深く理解することがいじめや虐待から被害者を救ううえでの重要な鍵になるのである。

(8) ある父親の訴えから (事例)

さて，ここで，いじめ問題を整理してみるために，ある父親のエピソードを紹介したい。

ある父親が筆者のところを訪れた。そして，やや挑戦的な口調でこんなことを言ったのである。

「じつは昨日，うちの息子(中学2年生)がいじめられていると告白したのです。でもね，私は言ってやったのです。『おまえ，いじめくらい耐えられないでどうする。世の中，不景気で大変なのだ。リストラにあうかもしれない。大人の世界も厳しいのだ。いじめくらいでガタガタ言っているようでは，このせちがらい世の中，生きていけないぞ』ってね。私の言ったことは間違っていますか」

いかがだろうか。こんなふうに尋ねられたら，どう対応すべきだろうか。

まず，この父親の言い分にも一理あるということから考えてみたい。

この父親は最近の子どもたちは忍耐力がなくなったと言いたいのである。これは的を射ていると考えられる。いじめっ子もいじめられっ子も含めて，子ども一般に欲求不満に対する耐性が乏しくなっている傾向が認められる。だから，『子どもたちよ，忍耐強くなってくれ，我慢強くなってくれ』という気持ちは痛いほどよくわかるし，この点では間違ってはいないのである。

しかし，次の2つの点で問題であると指摘したい。

まず第1点は，この父親はいじめと喧嘩を混同していることである。

これが単なる喧嘩であれば，このような対応もそれなりによいのかもしれない。しかし，筆者は，いじめとは被害者にしてみれば，絶対に勝てない喧嘩に

引っ張り込まれるようなものだと指摘した。被害者が絶対勝てないような構造の中で展開されるのである。だからいじめなのである。それをただやみくもに「耐えろ」というのは，いかがなものだろうか。

第2点目は，この父親の言動は，いじめの隠蔽を促進する点で問題だということである。

実はこの点に最も留意すべきなのである。子どもにしてみれば，それこそやっとの思いで告白したに違いない。それに対してこのような対応をしたとすると，子どもはどんな気持ちになるだろうか。もう二度と父親に相談しなくなるのではないだろうか。

いじめの最大の問題は隠蔽である。我々は，この隠蔽からいかに子どもを解放していくかを考えなければならない。ところが，この父親のような対応は，むしろ隠蔽を促進していく対応といえる。だから，この対応には問題があると言わねばならないのである。

いじめも虐待も隠蔽性をどう扱うかが，重要な視点になる。自分を責め，隠蔽しようとする心理から，いかに解放するかが最も重要になることを強調しておきたい。

4　暴走族と非行集団

暴走族

信号無視や蛇行運転を繰り返し，公道をわが物顔で走る暴走族は，大きな社会問題である。1970年代後半から1980年代にかけては，対立暴走族間の抗争に加え，一般人を巻き込んでの暴行，傷害事件も頻発し，単なる暴走行為をする集団にとどまらない凶悪化が見られた暴走族の多くは，暴力団との結びつきが見られる。従来，暴走族は，組織性に特徴があり，総長，親衛隊長，特攻隊長など役割が明確に存在し，上下関係にも厳しい傾向が見られた。

しかし，暴走族グループの構成員の総数は，1980年代初めをピークとして減り続けており，最近では，成人が旧型の自動車やオートバイで暴走行為を行う（「旧車會（きゅうしゃかい）」といった）集団が出現するなど暴走族の高齢化が見られる（須藤，2008）。かつてあった既存社会への反抗といった意味や，18歳になれば引退といった思春期のモラトリアム的な位置づけは後退し，現在はOBを含めた上下関係や既存の暴力団とのつながりなど，さまざまな面でグループ内の制約遵守

や掟によって，構成員は窮屈になっている。

　また，大規模な集団走行は減少し，現在はオートバイ数台によるゲリラ的な走行が主になっている。これは，2004年11月1日の道路交通法改正で，共同危険行為の摘発に際して必要だった被害者の証言が不要になるなど，取締りが強化されたことの影響が大きい。

事例　16歳男子

　窃盗事件で捕まった少年である。オートバイによる数名の集団で暴走行為を繰り返している。

　大集団で走行しない理由を尋ねたところ，「かったるいから」という返答が戻ってきた。「自分たちは，気の合う仲間だけで気ままに走りたい」というのである。前述のように暴走族といえば，アタマ，つまりリーダーがいて，その下に切り込み隊長など，さまざまな役割を分化させていた。しかし，そういう組織性をもつ大集団になると，集合時間の指示，ステッカーの販売等の指示，「～はするな」といった禁止の指示等，多くの制約が生じる。この少年は「こういう制約がかったるい」というのである。「先輩からいちいち指図されるのは嫌だ」だから「仲間だけで気ままに走るのが一番」と話したのが印象的であった。

　この傾向は第1章で述べた現代非行の流れとまさに呼応している。すなわち，「集団化できない少年」の問題を共有しているのである（第1章5～6ページ参照）。

5　薬物乱用

(1)　薬物非行の特徴——薬物非行と性非行（女子）の共通点

　薬物非行と性非行というと，一見関連性のない非行と考えがちだが，この両者，とりわけ薬物非行と女子の性非行には共通点がある。

　ひとつめは窃盗や暴力非行などのいわば一般的な非行とは無縁の少年少女たちが陥る危険性があるということである。非行などがあまり起きない有名進学校に通うような子どもたちでも薬物に手を出したり，援助交際などの性非行に手を染めたりすることがある。むろん窃盗などの非行歴のある子どもたちが，その非行の延長として薬物や性非行に走る場合は多い。しかし，そういう非行傾向のない少年少女たちも薬物や性非行に陥ることがあるのである。

　2つめは，罪悪感を持ちにくいという点である。それには理由がある。窃盗

や傷害には被害者が存在する。しかし，薬物非行や援助交際などの女子の性非行には被害者は存在するだろうか。あえていえば被害者は自分自身である。そのため罪悪感が起きにくい。「薬物は体に悪い」「援助交際などをしていると自分がだめになる」このように注意をしても，「自分の体がどうなろうと，あなたの知ったことじゃない」などと開き直る場合が多いのである。これらの非行は「被害者なき犯罪」「被害者なき非行」などと呼ばれる所以である。ここに薬物乱用の最大の落とし穴がある。

事例　有機溶剤乱用事例（P子，17歳）

　有機溶剤（いわゆるシンナー）を吸って自動車を無免許運転して捕まった17歳の少女の事例である。走行状態がふらふらして不審に思った警察官が職務質問したところ，事件が発覚してしまった。隣に20歳の男性Zが同乗していたのだが，彼はP子のいわゆる「彼氏」である。
　シンナーを吸いながらの無免許運転。ずいぶん無茶な行動ではないか。この行動からどんな少女を想像できるだろうか。おそらく勝ち気で威勢のよい女の子を想像するに違いない。しかし，実際は逆である。どちらかというと口数が少なくておとなしい印象の少女なのである。ではなぜそのような女の子がこんな大胆な行動をとったのだろうか。

〈母親とP子の関係〉
　筆者の呼び出しを受けてP子と母親が家庭裁判所にやってきたのは，秋も終わりの，多少肌寒く感じ始めた頃だった。2人は時間通りにやってきた。
　最初に非行の事実関係を確認した後，筆者はまず母親と2人で話をすることにした。
　生活状態を尋ねると，父母はP子が1歳のときに別居したという。そして，今はというと，P子は母方祖母と2人で暮らしているというのである。母は1人で生活している。
　父母の別居のいきさつを尋ねると母親は，「夫は働かないお坊ちゃんで，親から与えられた喫茶店も，私に任せっぱなし……私は我慢できず，夫に出ていってもらったんです」と語った。
　この母親が言うには「私の方がしっかりしすぎていて，それが夫は気に入らなかった。それで喧嘩ばかりになってしまったんです」ということになる。母親は夫と別居した後，昼夜働くという頑張りを見せた。ところがそうなると赤

ん坊のＰ子の面倒が見られない。そこで，この母親は自分の母親（Ｐ子の祖母）にＰ子を預けてしまったのである。

　筆者が「Ｐ子ちゃんは小さいときはどんな子どもだったんですか」と尋ねると，母親は胸を張って「すっごくよい子で，手のかからない子でした」と答えた。

　この「手のかからない子」というのが，くせものである。我々が非行少年の調査をすると，このように言う母親が案外多いのである。

　実際，Ｐ子を調べていくと，小学校のときにすでに盗癖が出ているのである。「すっごくよい子」と「盗癖」このギャップをどう考えればよいのだろうか。やはり，この母親は生身のＰ子をきちんと受けとめていないと考えてよいだろう。自らを「しっかりしすぎ」と自認する母親は，Ｐ子に対しても支配的に，一方的に接してきた可能性が強い。

〈Ｐ子のシンナー体験〉
　さて，今度はＰ子と個別に話を聞くことにした。Ｐ子は確かに内気でおとなしそうな印象の少女である。まずシンナー遊びについて尋ねてみた。
　「君は１人で吸うことが多いの？　それとも何人かで吸うことが多いの？」
　すると，「１人で吸うのは怖い」という意外な返答が返ってきた。どういうことなのか詳しく聞いてみると，「１人で吸うとね，『シンナーをやめなさい』というお母さんの幻覚が出てきたり，お母さんから見捨てられるような光景が目の前に浮かんできたりする。すごく嫌な気持ちになる」というのである。

　これは，この少女のこころの中にシンナーをやめなければならないという気持ちがあることの表れと見ることもできるだろう。一方「友達と一緒に吸うと楽しい。おしゃべりになってきて楽しいし，友達の話を聞いていても面白い。そして，自分の中の別の面が出てくる」という。

　さらに詳しく聞いてみると，「シンナーを吸っていると，体がフワーという感じになってきて，そのうちにシンナーで麻痺して感覚がなくなっちゃう。するとときには，普段とはまったく反対の世界に入っちゃう」という。これをわかりやすくまとめると「普段とはまったく逆の自分が出てきて」「自分で自分が恐ろしくなる」ということのようだ。

　「何をしても怖くないという気持ちになる。シンナーから覚めると，そんな気持ちになっていた自分が恐ろしくなって冷や汗が出る。例えば，シンナーを吸ってる途中で友達と揉めるでしょ，そういうとき，何をしてもへっちゃらという気持ちになって，物を持ち出したり，ええい，殺しちゃえとか思ったとき

もある。（シンナーから）覚めると，そんな気持ちになった自分が怖くなって，冷や汗が出る」

さらにＰ子は時々とりつかれ体験をすると語った。

「頭がパーマでグチャグチャで，頬に醜い火傷の跡のある女性が目の前に現れて（つまり幻覚である），それが，こう……自分のほうに近づいてきて，そして，ドスンと自分に乗り移る。すると，何があっても平気，怖いものなんか何もない。そういう気持ちになる。あとで友達から『さっき，あんたすごい目つきしてたよ』なんて言われたりする」

筆者が「その女性，誰かに似ていない？」と聞くと，Ｐ子は，「頭がパーマでグチャグチャなところはお母さんに似てる」と答えた。

この幻覚に出てくる女性は，やはりある種の母親イメージの表れだろう。

〈面接過程——Ｐ子の変化〉

さらに心理テストなどをしてＰ子の内面にかかわっていくと，この少女は変化し始めた。この子は「無口な少女」のはずではなかったか。ところが，Ｐ子はどんどん雄弁になっていったのである。そして，意外な生活実態が明らかになった。

Ｐ子はＺと半同棲のような生活をしている。このＺとの生活関係を聞いていくと，どうもＰ子はＺに対して支配的な立場に立っている様子なのである。

母親に言わせると，この子は「無口で内気」「小さいときはすっごくよい子で手のかからない子だった」ということになる。しかし，母親の語るこのような少女の姿というのは，母親が抑えつけて作り上げた人格像であることがわかる。

実はこの子の本当の性格は，勝ち気で支配的な，母親そっくりの性格だったのである。そして，シンナーを使うと，そのような抑えつけられている本当の自分が出てくるのである。それはＰ子にとって非常に強い快感なのである。この子にとってみれば，シンナーは母親の束縛から解放してくれるものだったのだろう。だから，気持ちがよいのである。

この少女の場合は，人格の中のバランスが崩れていたといえる。ところがシンナーを吸うことで，その崩れたバランスが引き戻されるわけである。

シンナーはもちろん有害であり，絶対に使用してはいけないことはいうまでもない。しかし，シンナーにはこのように自分の抑圧している部分，押し殺している部分を引き出すような作用もあるのである。だから気持ちがよいのだ。

薬物だから当然身体に働きかけて快感を起こさせる作用がある。しかし，そ

れだけではなく，このような心理的な補償作用としての快感もあるのである。これらは双方に目を向けなければならないものである。心理的な面ばかりに目を向けるのも不充分である。だからといって，身体的な薬理作用だけを取り上げて対応策を考えるのもまた不充分というべきである。

　こころの中には，誰でも人に見せたくない，いわば「影」のような部分を持っている。つまり，自分の弱点，自分でも醜いと思っている部分，そういう部分が必ずある。薬物はそういう部分をみごとに探し出し，巧みに支えるのである。だから気持ちがよいのである。

　このように考えると，薬物を使用しているときに出現する言動や症状というものを見ると，その人のこころの様子がよくわかることが理解できるだろう。薬物にはまさにこころを映す鏡のような作用もあるのだ。

　筆者は，便宜的に薬物には身体的な快感と心理的な快感があると考える。そして，このような子どもたちへの指導には，この2つの観点から手当てが必要であると考える。ちなみにP子に対しては，身体的快感に対する手当てとして，シンナーをやめさせる指導や生活リズムを安定させる指導を行い，心理的な快感に対する指導としては，押し殺している自分を回復させるようなカウンセリングを同時に行うことになったのである。

(2)　シンナー遊びと覚せい剤乱用

　ここでシンナー遊びと覚せい剤乱用について整理しておきたい。

シンナー

　シンナーとはもともと希釈剤という意味であって，英語では thinner と書く。一般的には塗料の粘度を減少させるために使用される有機溶剤のことをいう。シンナー遊びについての法的な規制の対象物としては，トルエン並びに酢酸エチル，トルエンまたはメタノールを含有するシンナー，接着剤，塗料および閉そく用またはシーチリング用の充てん料が挙げられている。シンナー遊びについては有機溶剤乱用という名称も一般的に用いられている。ここでは以下，有機溶剤と表記することにする。

　法律上問題になるのは，有機溶剤に含まれる成分である。そのような成分の中でもとりわけ問題になるのがトルエンという薬物である。逆に言えば，ニスでもボンドでも接着剤でもトルエンを含有しているものは何でもシンナー遊びの対象になるわけだが，シンナー少年たちは「そんなのは，まずい」という。

では何が好まれるかというと，純トロといわれるものである．純トロとは純度が100％に近いトルエンのことである．

有機溶剤乱用の薬理作用

　規制対象となる有機溶剤（以下，有機溶剤と表記する）は，基本的に麻酔薬として作用するため，高濃度を長時間吸引すれば運動失調や発語障害（ろれつの回らないような発音）を起こし，見当識（時間および場所についての認識）が失われ，昏睡状態となる．したがって，常用者はこのような状態に至らず，目的とする陶酔感，恍惚感を得るために吸引する量をうまくコントロールしている．通常，ビニール袋に有機溶剤を入れ，その蒸気を数回吸い込み，軽い頭痛やめまいを自覚したところで吸引を一時中止し，酩酊状態を楽しむ，という方法がとられる．このようにして適当な時期に再び吸引するという過程を繰り返す．この間には種々の精神症状が現れる．酩酊状態は緊張や不安のとれた陶酔感ではあるが，けだるい倦怠感であることが多い．酩酊状態が起こるとともに意志による抑制がきかなくなり，自分の力や能力がすばらしく向上したような感じを持つようになる．攻撃的になるという報告は日本では少ないが，欧米では多数報告されている．幻覚が起こることもあり，サイケデリックな模様の幻視や夢想症がおこる．夢想症では，空想する情景が現実的にひらけてきて自分がその中に入っているという体験が多い．吸引量が多いと中枢神経系全体を抑制し，運動失調，昏睡，延髄の呼吸および血管運動中枢を抑圧し，死亡に至りうる．しかし，実際の死亡の直接原因は酸素欠乏による窒息死の例が多い．連用すると耐性が生じ依存を形成する．中毒症状では，ぼんやり，無為，遅鈍といった症状が現れる．また逆に攻撃的，衝動的になる場合も指摘されている．しばしば統合失調症と類似した症状を呈するものもいる．連用者には自覚症状として，頭痛，めまい，嘔吐，食欲不振，倦怠感などが現れることが多い．フラッシュバックを起こすこともある．

有機溶剤乱用の類型

　乱用少年の類型については，(1)単純遊び型，(2)非行型（有機溶剤乱用によってさらに非行性が促進されやすい状態にあるタイプ），(3)嗜癖型，に分類されることも多い．治療については，場合によっては精神科的治療も必要になるが，筆者の体験では，吸入を繰り返す動機として「することがないから」「嫌なことが忘れられるから．こころがむなしくて」といった内容が意外に多く，心理

的な不全感の解消はいうまでもないが，無職状態の解消や規則正しい生活の定着などに向けての指導も見逃せない。

覚せい剤乱用

脳に直接はたらいて中枢神経を興奮させるのが覚せい剤であり，それを抑制する麻薬とははっきり区別されている。覚せい剤は多くの名前で呼ばれたり記載されたりしている。その一部を表5-6に示す。

覚せい剤の沿革

アンフェタミンは1887年にエデルモが初めて合成。その後ベンゼドリンという商品名で発売になった。メタンフェタミンは1893年に長井長義が初めて合成。日本では1941年からヒロポンという商品名で発売され，深夜の労働者や受験勉強中の学生などに好んで用いられた。しだいに慢性中毒者が増加し，1945年8月の終戦後に急激に増加。1951年覚せい剤取締法が制定された。しかし乱用者は1956年頃いったん下火になったものの1970年から再び増加の一途をたどっている。今日日本で乱用される覚せい剤は主にメタンフェタミンである。（韓国，台湾など）海外での密造品が主ですべての供給ルートを暴力団が掌握し全国にくまなく浸透している点に特徴がある（佐藤，1983）。

覚せい剤乱用の薬理効果

乱用者が注射器で静脈内に投与すると，薬理作用は即座に現れ，強烈である。一般に覚せい剤の中枢作用としては著明な精神活動の促進効果が挙げられる。気分高揚，覚せい水準の上昇，注意力の増強，疲労感の減退など，乱用者の言葉を借りると，注射直後から頭や胸がすっとし，活力がみなぎり，世界を見通

表5-6　覚せい剤のさまざまな呼称（中原，1983）

一般名	メタンフェタミン	アンフェタミン
法律名	フェニルメチルアミノプロパン	フェニルアミノプロパン
正式名	1-フェニル-2-メチルアミノプロパン	1-フェニル-2-アミノプロパン
商品名	ヒロポン（d体） デソキシン（dl体） ヴィックスインヘラー（l体）	ゼドリン（dl体） ベンゼドリン（dl体） テキセドリン（d体）
俗名（隠語）	シャブ スピード	スピード エース

せるような万能感，全身に突き刺さるように広がる快感が出現する。また別の中枢作用として食欲減退作用と性欲の刺激作用がある。しかし，一般的に覚せい剤は精神活動の促進の後に，脱力感，不快感および疲労感を起こすことが多いとされている。この不快感を解消しようとすることが乱用のもうひとつの因子となる（小山，1982）。

　連用に至ると耐性が生じ，使用量が増え，覚せい剤への依存性が形成される。使用量の増加や長期の連用によって次第に多彩な覚せい剤中毒症候の出現に発展するが，覚せい剤の反復作用によってみられる精神症状としても最も重要なものは妄想型統合失調症に類似した精神病的状態である。主症状は被害関係妄想，幻聴，幻臭，多動などである。覚せい剤の使用を中止すると精神病的状態は消褪していく。しかし離人感，意欲減退，感情鈍麻，幻覚妄想状態が持続することがある。また精神病的状態が消褪してもストレス，飲酒，少量の覚せい剤の使用によって再発することがある。

(3) 薬物乱用と教育

緩む警戒心

　かつては薬物乱用の入門編がいわゆるシンナー遊びで，それが高じると，覚せい剤へと進むという経路があった。しかもある程度，非行性が深まらないと覚せい剤まで至らなかった。ところが，最近ではシンナー遊びを経ないで，いきなり覚せい剤というケースも増えている。

　なぜなのだろうか。

　それは，ひとつには薬物の摂取の方法が変化してきているからだろう。

　かつては覚せい剤は注射をして摂取したものである。しかし，それでは注射痕が残ってしまう。そのような理由もあって，最近では「あぶり」という手法で覚せい剤を摂取するものが急増している。これは覚せい剤をアルミホイル等の上にのせて火であぶり，気化した覚せい剤をストロー等で吸うなどして吸引するのである。

　注射をするのと火であぶって吸引するのとでは雲泥の差がある。注射は針を体の中に入れるのである。これには大きな恐怖心が伴う。ところが火であぶって吸引するのであれば，煙草やシンナーと変わらない。きわめて安易に手を染めてしまうのである。

認識の甘さ

　文部科学省が2006年2月に公立の小学校5年生から高校3年生まで計約67500人を対象に意識調査を実施したが、その中で「覚せい剤などの薬物について、どのような印象を持っていますか」という質問に対する答えを、9つの選択肢から選択させたところ（複数回答可）、「使ったり、持っていたりするのは悪いことだ」という項目を選んだ児童・生徒の割合は、小6男子で80.5％。しかし、高2男子は60.7％、高3男子に至っては55.6％にとどまった（読売新聞、2007年4月27日版による）。

　これは驚くべき数字である。高3男子では、覚せい剤などの薬物を「使ったり、持っていたりするのは悪いことだ」という項目を選んだのは、わずか2人に1人にすぎなかったのである。

　この数字の原因のひとつには、前述したように、薬物乱用に対しては「人に

コラム　　シンナー遊びと「術（じゅつ）」

　さて、ここで薬物乱用について、少々変わったトピックスを紹介したい。
　筆者が薬物乱用のケースに初めて出会ったのは、まだ大学院に通いながら、教護院（現在の児童自立支援施設）で非常勤の心理判定員の仕事をしている頃のことだった。手探りで非行少年たちへの箱庭療法の適用を試みていると、ある中学生の少年がこう言ったのである。
　「先生、『術』って知ってるかい」
　筆者はそのとき初めて彼らがシンナーを吸いながら「術」を使って遊ぶことを知ったのである。
　彼が言うには、数人でシンナーを吸い、酩酊すると、「手から光線を発して、相手にぶつけて」遊ぶのだという。
　これは妙な話である。幻覚とはその人が勝手に見る幻であろう。しかし、みんなが一緒に見ているのである。しかも、その光線をぶつけられた相手は「痛み」を感じるという。
　また、「念力」を使ってものを持ち上げたりする。例えば、花瓶を「念力」で持ち上げる。これも単なる幻覚であれば個人が勝手に見ている幻である。ところが、みんな同じように見ているのだ。
　「おお、持ち上がった。持ち上がった」こういって、盛り上がったりするというのである。まさに幻覚の共有化が起こっているといえよう。
　さらに不思議なことは、彼がこう言ったことである。
　「先生、『術』が使えるようになるには、修行がいるんだよ」
　ここまでくると唖然としないわけにはいかない。

迷惑をかけることではない」という意識があることが指摘できる。ここに薬物非行のひとつの特徴がある。

　もうひとつの原因としては人間関係の希薄さが考えられる。悪いことだと答えなかった生徒は，おそらく「やりたいやつは，勝手にやればいい」という投げやりな態度が大勢をしめているのだろう。他人に対する無関心である。これは現代社会をみごとに象徴している。

ドーピング——薬物防止教育の可能性

　覚せい剤だ，シャブだ，などというと陰惨な話になってしまう。とても小学生などには話しにくい話題である。しかし，前述したように，薬物に手を出すのは犯罪性のある人に限らないのである。そのよい証拠にドーピングを考えてみてほしい。ドーピングで問題となる人たちは犯罪傾向のある人たちであろうか。そうではない。国を挙げて応援しているようなスポーツ選手である。いわば優等生である。そういう人たちが薬物に染まっていくのである。

　筆者は，このドーピング問題にからめて，薬物問題を考えてみることをぜひ提唱したい。この問題を切り口にするならば，小学生から大人まで薬物の問題をさまざまに討論できる。

　人間にとって薬物とはどのような存在なのか。

　我々は普段，病気になれば，簡単に薬局で薬を買って服用する。あるいは病院で処方された薬を飲む。つまり，薬は生活の中に浸透しているのである。我々は薬なしで生活できない存在になっているともいえる。我々にとって薬とは一体どのようなものなのか。今こそ薬と生活について根本的に考え，そのうえで，薬物乱用の問題を考えることが必要なのではないだろうか。

注
⑴　2005年2月14日午後3時すぎ，寝屋川市立中央小学校に，包丁を持った少年が侵入し，男性教師1人と女性教師および栄養士を刺した事件。
⑵　ここに記された「幼児期からの発達上の問題」は発達障害を想定していると考えてよいであろう。

文献
藤原正範（2006）．少年事件に取り組む　岩波書店
福島　章（1985）．非行心理学入門　中央公論社
羽間京子（2006）．保護観察における一貫した処遇（環境）設定の意味について　G

さんのこと　精神医療　44　pp.113-117.
羽間京子（2007）．広汎性発達障害をもつ非行少年の保護観察処遇について　自験例の再検討を通して　児童青年精神医学とその近接領域　48(4)　pp.520-532.
羽間京子（2008）．非行とは　Q15　村尾泰弘（編）Q＆A少年非行を知るための基礎知識　pp.134-141.　明石書店
石橋昭良（2006）．警察における非行臨床　生島　浩（編）現代のエスプリ　462号　非行臨床の課題　至文堂
神奈川県警察（2006）．万引きの実態等に関する調査結果
小林　剛（1985）．いじめを克服する　有斐閣
小西聖子（1999）．インパクト・オブ・トラウマ　朝日新聞社
小山　司（1982）．覚醒剤中毒の兆候　精神科MOOK 3　pp.39.　金原出版
村尾泰弘（2001）．家族臨床心理学の基礎　北樹出版
村尾泰弘（編）（2005）．現代のエスプリ　461号　非行臨床の理論と実際　至文堂
村尾泰弘（編著）（2008）．Q＆A少年非行を知るための基礎知識　明石書店
村瀬嘉代子（2002）．非行臨床に求められるもの　臨床心理学　2(2)　pp.143-145.
中原雄二（1983）．薬物乱用の本　覚せい剤からシンナー・大麻まで　研成社
齋藤万比古（2005）．注意欠陥／多動性障害（AD/HD）の診断・治療ガイドラインについて　精神神経学雑誌　107　pp.167-179.
佐藤光源（1983）．覚せい剤中毒　その実態と問題点　海鳴社
白石雅一（2004）．自閉症・アスペルガー症候群　「気がかりな子」の理解と対応　児童心理　2004年6月号臨時増刊　No.807　金子書房　pp.21-25.
須藤　明（2008）．暴走族　村尾泰弘（編）Q＆A少年非行を知るための基礎知識　pp.210-215.　明石書店
杉山登志郎（2001）．発達の障害とその対応　若林慎一郎・本城秀次（編）精神保健　pp.159-210.　ミネルヴァ書房
高岡　健（2009）．発達障害は少年事件を引き起こさない　明石書店
竹内直樹（2008）．発達障害関係の臨床　松本雅彦・高岡　健（編）発達障害という記号　pp.74-88.　評論社
田中康雄（2005）．発達障害と非行　村尾泰弘（編）現代のエスプリ　461号　非行臨床の理論と実際　至文堂
十一元三（2004）．広汎性発達障害を持つ少年の鑑別・鑑定と司法処遇　精神科疾病概念の歴史的概観と現状の問題点を踏まえて　児童青年精神医学とその近接領域　45　pp.236-245.
Wing, L. (1981). Language, Social, and Cognitive Impairments in Autism and Severe Mental Retardation　Journal of Autism and Developmental Disorders　11 (1)　pp.31-34.

第6章

少年非行と司法

1　家庭裁判所と少年審判

　さて，この章では少年非行が実際の司法プロセスの中でどのように扱われるかを記述してみたい。事件処理の流れと関係諸機関のかかわり，また，それぞれの機関のあらましを概説することにする。

(1)　少年審判の基本原理

　まず，少年審判とはいかなるものかから考えていきたい。少年審判の基本原理として，教育主義，個別処遇の原理，職権主義の3つを挙げることができる。
　教育主義とは保護主義とも呼ばれるもので，罪を犯した少年にはできるだけ刑罰ではなく，保護処分その他の教育的手段によって非行性の除去をはかることとし，刑罰は，このような教育的手段によって処遇することが不可能か，不適当な場合に限って科されることになる。その理由は，いうまでもなく少年は一般的に精神的に未熟であるうえ，不安定で環境の影響を受けやすく，非行を犯した場合にも深い犯罪性をもたないものが多いことや，そもそも少年は人格発達の途上にあるため，成人に比べれば教育可能性，可塑性に富んでいるので，教育的手段によって改善・更生させることができれば，前科の烙印を押すよりも本人のみならず社会にとっても得策であると考えられることなどからである。ちなみに少年院送致は刑罰ではない。保護処分であって，少年院は矯正教育を行うところである。刑罰が必要と考えられる場合は，検察官送致にされ，成人と同じような手続きで裁判を受ける道筋をたどることになる。
　個別処遇の原理とは，少年一人ひとりの問題を調べ，その問題の改善に必要

な対応をして健全育成を図ることである。少年の非行の原因はさまざまであり，また，少年の資質や環境上の問題点も千差万別である。このような少年のもつ問題点に対処し，その健全な育成を図るには，個々のケースに応じた個別的な処遇を行わなければならない。したがって，個別処遇の原理は前述の教育主義の当然の帰結であるといえる。成人に対する刑事裁判の場合には，犯罪事実が重視され，その結果，例えば罪質が同じで，かつ被害なども同程度であれば，なるべく同種，同程度の刑罰を科することが法的安定の見地からも要請される。これに対して少年審判の場合には，処分は非行事実のみならず，少年自身の抱えている問題，すなわち非行の原因やそれを除去するための資質，少年を取り巻く環境上の問題点に応じて，それにふさわしい処遇方法が少年一人ひとりに応じて検討されるのである。これが少年審判の基本的な考え方である。

　職権主義についてであるが，成人の刑事裁判と少年審判は大きく様相が異なっている。成人の刑事裁判では，検察官と弁護人のやりとりを裁判官が第三者的立場でみて判決を下すという構造をとっている。これは当事者主義的対審構造と呼ばれるものである。すなわち，検察官が訴追官として裁判所に対し被告人に対する刑罰を請求し，これに対して，被告人および弁護人が争い，防御をするという手続き構造になっており，裁判所はこれら対立当事者から独立した第三者的立場で公権的な判断を下すという構造である。

　これに対して，少年審判は，職権主義的審問構造を基本としている。少年審判では家庭裁判所自らが少年について広汎な調査を行い，適切な処遇を考える。これは職権主義的審問構造と呼ばれるものである。この手続きは処遇を決定する手続きであると同時に教育的，あるいは福祉的な性質を持つ。すなわち少年審判の全過程は，司法機能実現のための「司法過程」であると同時に，福祉的機能ないし保護的機能の実現のための「保護過程」であると考えられているのである。

(2) 少年事件の抱える問題

　少年審判はさまざまな難しさを抱えている。そのひとつは，職権主義的審問構造は否認に弱いということであろう。立件された犯罪事実を少年が否認する場合が増えてきたとの指摘もある。事実関係の存否を争う場合は，成人事件の裁判形態，すなわち対審構造のほうが適していると一般的にいわれている。そのようなこともあって，2001年4月施行の改正少年法では，一部の事件には検察官の関与を認め，その場合は必ず弁護士である付添人がつけられることになっ

た。

　また，少年の事件は迅速に処理される。それは少年の時期は可塑性に富むと考え，その短い少年の時期に，できるだけその少年にふさわしい処遇をしていこうとするためであろう。教育主義の表れである。成人の刑事事件について，時間がかかりすぎるという非難の声が大きい。その一方で，少年事件はあまりに速く結論が出るという指摘もある。また，従来は少年側にしか審判結果についての抗告，すなわち不服を申し出ることが認められていなかった。これについても，検察官からの抗告がなされれば，いたずらに少年事件に時間がかかってしまうことを懸念してのこととも考えられよう。これらについて，改正少年法では，検察官からの抗告についても，検察官が審判に出席した場合，「当該事件の非行事実の認定に関し，決定に影響を及ぼす法令の違反または事実の誤認があることを理由とするときに限り」という限定つきではあるが，「抗告受理の申立て」という形式で，認められることになった。また，改正少年法では，少年鑑別所での観護措置期間を，従来では最大4週間であったのに対し，場合によっては8週間まで延長することが可能になった。

　2001年施行の少年法改正で最も大きな話題となったのは，刑事処分適用年齢の引き下げであろう。従来，刑事処分（簡単にいうと成人の刑事裁判と同じ扱いにすること）適用年齢を16歳以上としていたものが14歳以上に改められたのである。また，16歳以上の重大事件は検察官送致が原則となった。少年の起こした凶悪事件をマスコミが大きく報道したことの影響や少年審判は甘いという世論をうけてのこととも理解される。少年事件への厳罰化の風潮が進んでいるといえよう。

　教育主義，個別処遇，職権主義，これらは，やり直しがきく少年に対して，国家としてできる限りのことをしていこうという精神の表れと見るべきであろう。しかしながら，それゆえに抱える課題というのもまた存在するのである（その後，少年法は2007年に再「改正」，さらに2008年に再々「改正」が行われた）。

(3)　家庭裁判所調査官

　前述のように，家庭裁判所の事件処理の手続きは地方裁判所や簡易裁判所の手続きと違っている。

　そこには教育や福祉の要素が入ってくる。この少年はなぜこんな犯罪を犯したのか，原因や背景は何か，この少年が立ち直るためには何が必要なのか，この少年の家族には何が欠けているのか，学校や地域環境に問題があるとすれば，

どこをどのように改善しなくてはならないのか。このような原因や背景，改善策を裁判所自らが考えていくわけである。そのためには専門的な知識や技能が必要となる。そのために必要なスタッフとして家庭裁判所調査官がいるのである。

家庭裁判所調査官は，裁判官の命令に従って（裁判所法61条の2第4項），家事審判および調停と少年事件の保護事件の審判に必要な調査などを行う（同条2項）。

少年事件については，少年・保護者の面接調査をはじめとして，必要に応じて，家庭や学校への訪問調査，各種関係機関その他から情報収集などを行い，裁判官へ調査結果を少年調査票にまとめて提出する。そこには処遇についての意見を盛り込むことになる。さらに，少年審判に出席し，必要な意見などを述べることになる。面接調査は単なる調査ではない。少年が更生するための重要な機会になるので，カウンセリング的な技法を用いたり，適切なアドバイスを与えたり，教育的な配慮が重要な課題となる。審判も同様で，単なる処分を決定するだけの場ではなく，少年のその後の生活への重要な手当ての場となる。裁判官は家庭裁判所調査官の専門的な知識や技能を活用し，審判を運営することになるのである。

2　少年事件の処理プロセス

(1) 非行少年とは

少年法で審判の対象とする少年（すなわち少年法で扱う非行少年）とは次の3つをいう。
①犯罪少年：14歳以上，20歳未満で犯罪行為をした少年
②触法少年：14歳未満で刑罰法令に触れる行為をした少年
③ぐ犯少年：20歳未満で将来，罪を犯し，または刑罰法令に触れる行為をする虞(おそれ)がある少年

犯罪少年については説明は要らないだろうが，触法少年とぐ犯少年については若干説明を補っておく。

14歳未満の少年が刑罰法令に触れる行為をしても，犯罪少年と呼ばないのは，刑法41条により14歳未満の少年は罰せられないため，犯罪とはならないからである。例えば，同じ窃盗に当たることを14歳以上の少年が行えば犯罪少年となるが，まったく同じことを14歳未満の少年が行うと触法少年となるのである。

年齢の問題である。

　少年法の対象となるぐ犯少年には，将来，罪を犯し，または刑罰法令に触れる行為をする虞があるというぐ犯性の他に，（イ）保護者の正当な監督に服しない性癖のあること，（ロ）正当な理由がなく家庭に寄りつかないこと，（ハ）犯罪性のある人もしくは不道徳な人と交際し，またはいかがわしい場所に出入りすること，（ニ）自己または他人の徳性を害する性癖のあること，という（イ）から（ニ）までの4つのぐ犯事由のうち1つまたは2つ以上に該当することが必要である。

(2) 事件の処理プロセス

　少年事件がどのように家庭裁判所に送られて，その後どのようになるのかを大まかに示したものが図6-1である。少し複雑でわかりにくいかもしれないが，家庭裁判所を中心として，事件が送られてくるプロセスとその後のプロセスについて概観してみたい。

家庭裁判所に少年事件が送られてくるまでの流れ

　大半の少年事件は，成人が犯した刑事事件と同様に，事件を捜査した警察から検察庁を通じて家庭裁判所に送られる。ただし，軽犯罪法違反など罰金以下の刑罰しか定められていない軽微な非行やぐ犯と呼ばれる事件については，警察から検察庁を通すことなく直接に家庭裁判所に送られてくる。

　この他，児童相談所長（または都道府県知事）は児童福祉機関で扱っている少年について家庭裁判所の審判に付与することが適当であると認める場合は，家庭裁判所に送致することになる。また，誰でも非行少年を見つけたら通告することが可能である（一般人の通告）。さらには，家庭裁判所調査官が別の事件の調査を行った際に，その調査対象事件とは異なる新たな非行を発見した場合，直ちに家庭裁判所へそのことが報告される（報告）等の事件係属の流れがある。

　なお，警察が14歳未満の非行を扱った場合，手当ての必要があるものについては，警察はまず児童相談所へ事件を回す（内容によって通告あるいは送致）。そのうえで，児童相談所が家庭裁判所に送致することが適当かどうかを判断することになる。

全件送致主義

　少年事件は，警察や検察庁において捜査を行った結果，非行事実が存在すると認められる限り，どのような軽微なものであっても必ず家庭裁判所にその事件を送ることになっており，これを全件送致主義という。この目的は，再犯防止の観点から初期の段階で少年や保護者などに対して適切な措置を講じようという考えからである。

身柄付送致と在宅送致

　身柄付送致とは，検察官が逮捕中または拘留中の少年について，身柄を拘束したまま家庭裁判所に事件を送致することをいう。この場合，家庭裁判所は身柄拘束を受けた事件を受け取ってから24時間以内に，少年鑑別所などへの観

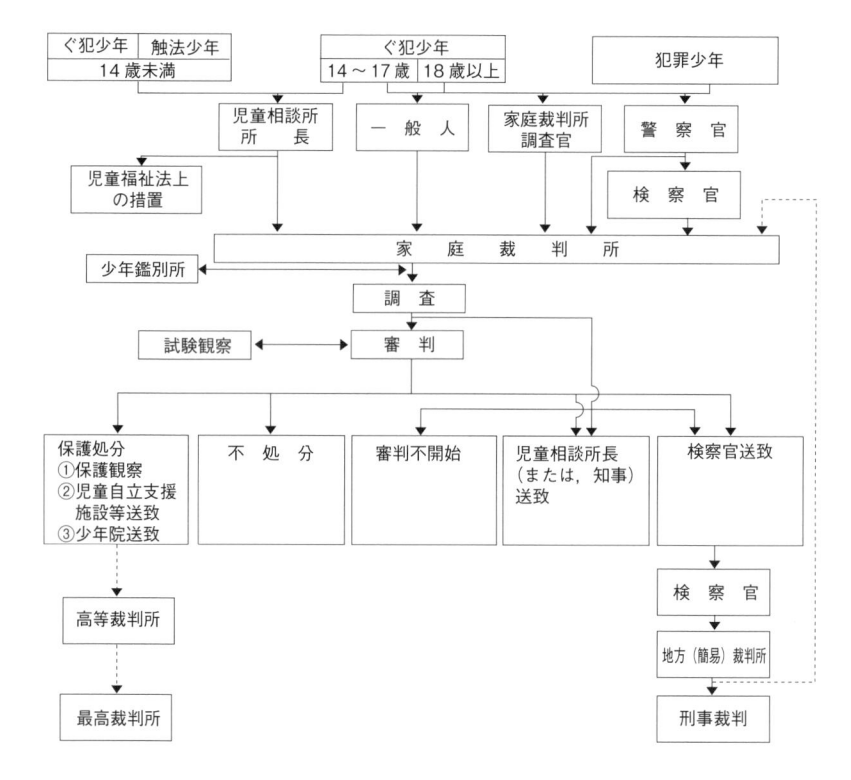

図6-1　家庭裁判所を中心とした少年事件の処理プロセス

護措置を取るのか否かを決めなければならない。

　これに対して，在宅事件とは，少年の身柄は拘束されず，少年は父母などの保護者の元で生活したままの状態（この状態を「在宅」という）で，ただ事件記録だけが家庭裁判所に送られてくる場合である。この場合，家庭裁判所が適当な時期に少年とその保護者を家庭裁判所に呼び出して，調査および審判の手続きが行われる。

(3) 家庭裁判所の処理手続きとその後のプロセス

家庭裁判所調査官による調査

　家庭裁判所が少年事件を受理すると，そのほとんどの事件について，最初に家庭裁判所調査官が調査を行う。家庭裁判所調査官は，非行を犯した少年はもとよりその保護者または関係人の行状，経歴，素質，環境等について，医学，心理学，教育学，社会学その他の専門知識を用いて，その調査にあたる。

家庭裁判所での審判

　調査の次は審判である。少年審判は職権主義的審問構造を基本としており，成人の刑事裁判とは様相を異にしていることはすでに述べた（少年事件の裁判のことを審判という）。審判は，裁判官が行うが，その資料となるのが家庭裁判所調査官が作成した少年調査票である。裁判官は，少年が犯した非行事実と少年の問題性やよい面を充分に精査し，その処分をどのようにするかを決める。

家庭裁判所における処分

　審判において，裁判官は少年の問題性やその教育の必要性（これを要保護性という）を判断し，その少年に必要な処分を決める。なお，少年といえども成人と同様に刑事裁判を受けさせるという決定もある（このことを，検察官送致という）。

終局処分の種類

審判不開始

　家庭裁判所調査官の調査の結果，少年の非行がそれほど進んでおらず，少年を取り巻く家庭や学校，職場などの社会環境にも問題が少ないことが判明したとき，裁判官がこれ以上，家庭裁判所としては審判を開いてまで，少年を保護処分にする必要性が小さい（要保護性が小さい）と判断して，事件を終了させ

ることを審判不開始という。通常，審判不開始となる場合，家庭裁判所調査官によって必要な注意や助言などの保護的措置が行われている。
不処分
　家庭裁判所調査官の調査を経て審判を開かれ，裁判官が少年や保護者を審判廷で直接審問した結果，注意や助言を与えれば，それ以上保護処分の必要性がないものと判断した場合，保護処分にはしない旨の言い渡しを行う決定を不処分という。不処分となる場合，裁判官は少年や保護者に対して，注意や訓戒などの保護的措置を行う。
保護観察
　少年院などの施設に収容するまでの必要性は小さいけれど，何らかの指導や助言が必要と判断されたとき，少年を家庭に置いたままで，保護観察所の行う指導監督や補導援護によって，少年の改善更生を図っていこうとする処分を，保護観察という。保護観察は，心理学などの専門的知識を有する保護観察官とボランティアである保護司が協働してその任に当たる。少年と直接接触するのは主に保護司で，保護観察官は保護司に対する助言や方針の協議等を行う。保護観察の期間は，通常は少年が満20歳に達するまでとされている。
児童自立支援施設または児童養護施設送致
　少年の非行の背景や原因の主たるものが福祉の問題（保護者による少年の遺棄など）であったり，また何らかの理由で少年を保護者と同居させることはできない（保護者が少年を虐待しているなど）と判断した場合，児童福祉法に基づく児童自立支援施設や児童養護施設に少年を収容する処分である。
児童相談所長（または都道府県知事）送致
　上記の福祉施設に少年を収容する必要性まではないものの少年の非行が福祉の問題と密接な関係性のうえにあるものと家庭裁判所が判断した場合，少年を親元に置いたままで，児童福祉法に基づく適当な教育的な指導を受けさせる目的で，児童相談所長（または各都道府県の首長にあたる知事）に，少年や保護者の指導をさせるための処分である。
少年院送致
　非行が進んでおり，もはや社会内での教育的な指導やかかわりではその更生可能性が小さく，一時的にせよ社会から隔絶した形での教育を施したほうが再犯の可能性が小さくなると判断された場合，少年を少年院に送致する処分である。
検察官送致

少年の犯した非行が，死刑，懲役または禁錮にあたる事件であり，家庭裁判所が行った調査の結果，その罪質および情状に照らし合わせてみて，少年には教育による矯正可能性が乏しいとか，保護処分としての教育的な指導よりも刑事処分を科したほうが適当であると家庭裁判所が判断した場合，刑事裁判を受けさせる目的で，検察官に事件を送り返すという処分である。

　なお，少年が故意の犯罪行為により被害者を死亡させ，その少年の年齢が満16歳以上の場合は，家庭裁判所調査官の調査の結果，刑事処分以外の措置を適当と認める場合を除いて，原則的に事件を検察官に送り返し，少年に刑事裁判を受けさせるということになっている。

コラム　試験観察

　少年法は，家庭裁判所が保護処分を決定するために必要があると認めるときには，相当の期間，少年を家庭裁判所調査官の観察に付することができるとした。これを，通常，試験観察と呼ぶ。試験観察は，終局の処分を相当期間留保して，少年の生活状況や行動などを観察するために行われる中間決定である。

　試験観察は，少年を単に静的に観察するだけではなく，少年や保護者に教育的な働きかけを行いつつ観察するといった動的なものである。しかしながら，試験観察はあくまで終局処分を決定するための中間的な措置であることから，この動的な働きかけにも自ずと限界がある。試験観察の期間は「相当の期間」というだけで法定の限界はないが，通常はおよそ3カ月から6カ月くらいが多い。当然のことながら，少年が20歳を超えて試験観察をすることはできない。

　試験観察には次のような種類がある。
1）「在宅試験観察」少年は保護者の元で生活し，家庭裁判所調査官が直接少年の指導に当たる。
2）「身柄付補導委託」少年を保護者の元から離して，補導委託先（適当な施設，団体または個人）に預けて指導してもらう。
3）「補導のみ委託」少年は保護者の元で生活し，補導のみを補導委託先（例えば，学校長など）に委託する。

　家庭裁判所調査官にとってみれば，試験観察はある程度時間をかけて少年とその家庭にかかわることのできる心理臨床的な実践の場となる。特に在宅試験観察では，家庭裁判所調査官は，継続的に少年・保護者と面接することになり，カウンセリングや家族療法，箱庭療法，心理テストなど，それぞれの得意な臨床技法を活用しながら取り組むことになるのである。

抗告

　家庭裁判所において，何らかの処分が決定された場合，その決定について少年または保護者が納得いかない場合には，もう一度裁判を高等裁判所において，やり直してもらうことができる。このことを抗告といい，いかなる少年にも保障されている。また，2001年4月施行の改正少年法では，検察官からの抗告も場合によっては可能となった（151ページ参照）

3　少年事件にかかわる諸機関

　それでは少年事件にかかわるさまざまな機関について概観してみたい。

(1)　少年鑑別所

　少年法第9条には調査の方針として，「調査は，なるべく，少年，保護者又は関係人の行状，経歴，素質，環境等について，医学，心理学，教育学，社会学その他の専門的智識特に少年鑑別所の鑑別の結果を活用して，これを行うように努めなければならない。」とある。これを受けて，法務省の機関として設置されているのが少年鑑別所である。少年鑑別所は，各家庭裁判所の本庁および大規模支部に対応して設置されている。

少年鑑別所の業務の種類

　鑑別所の業務には，①「家庭裁判所で観護措置をとられた少年に対する収容鑑別」，②「家庭裁判所からの依頼による在宅鑑別」，③「法務省関係機関からの依頼による鑑別」，④「一般少年鑑別」の4つがある。

　中心となるのは，①家庭裁判所で観護措置をとられた少年に対する収容鑑別である。観護措置は，少年の資質やその環境に大きな問題がある場合にとられる措置である（少年法第17条）。通常，少年たちが「少年鑑別所に入れられた」などと表現する場合はこれにあたる。少年法改正によって，場合によっては，8週間まで少年鑑別所に入れておくことが可能になったが，ほとんどの場合，期間は4週間以内である。

収容鑑別の流れ（①について）

　少年鑑別所では心理学の専門家である鑑別技官によって，面接，各種心理テストによる心理検査，身体状況の調査，精神医学的検査，行動観察などが行わ

れる。これら各種の調査から得られた情報は、鑑別所内での判定会議によって総合的に検討され、少年の資質、問題、非行に至った要因、予後などに関する鑑別結果通知書としてまとめられ、家庭裁判所に提出される。

(2) 少年院

少年院送致は、少年法第24条③に定められている。少年院は原則として閉鎖施設であり、保護処分の中では最も重い処分である。その内容については、少年院法および少年院処遇規則に詳しく定められている。

少年院の種類

少年院の種類は平成27年6月1日に新しい少年院法が施行され、従来の初等少年院、中等少年院、特別少年院、医療少年院の区分が廃止された。そして同法第4条によって新たに、第一種（心身に著しい障害がないおおむね12歳以上23歳未満のもの）、第二種（心身に著しい障害がない犯罪的傾向の進んだおおむね16歳以上23歳未満のもの）、第三種（心身に著しい障害があるおおむね12歳以上26歳未満のもの）、第四種（少年院において刑の執行を受ける者）という4つが定められた。第三種少年院以外は、男子の少年院と女子の少年院に分けられている。

第一種少年院についての収容期間は長期処遇と短期処遇に大別される。長期処遇は原則として2年以内だが、2年を超える時は個別に収容期間を定める。詳述すると「相当長期」は24カ月くらいまで、「比較的長期」は18カ月くらいまで、それ以外は12カ月前後となる。短期処遇は従来の一般短期処遇と特修短期処遇の区別がなくなり、収容期間は6か月以内となったが、家庭裁判所で「特別短期間」の処遇勧告が付された場合は、原則として4か月以内の矯正教育を行うこととし、特修短期処遇を継承している。

少年院における処遇

処遇は表6-1を参照されたい。

少年院からの出院は通常は仮退院であり、その後、少年は保護観察（2号観察）を受けて社会内処遇が行われる。保護観察が終わった段階で、本退院となる。

表6-1　少年院新入院者の処遇課程（法務省矯正局（2015）『少年矯正NOW』による）

少年院の種類	矯正教育課程	符号	在院者の類型	矯正教育の重点的な内容	標準的な期間
第1種	短期義務教育課程	SE	原則として14歳以上で義務教育を終了しない者のうち，その者の持つ問題性が単純又は比較的軽く，早期改善の可能性が大きいもの	中学校の学習指導要領に準拠した，短期間の集中した教科指導	6月以内の期間
	義務教育課程Ⅰ	E1	義務教育を終了しない者のうち，12歳に達する日以後の最初の3月31日までの間にあるもの	小学校の学習指導要領に準拠した教科指導	2年以内の期間
	義務教育課程Ⅱ	E2	義務教育を終了しない者のうち，12歳に達する日以後の最初の3月31日が終了したもの	中学校の学習指導要領に準拠した教科指導	
	短期社会適応課程	SA	義務教育を終了した者のうち，その者の持つ問題性が単純又は比較的軽く，早期改善の可能性が大きいもの	出院後の生活設計を明確化するための，短期間の集中した各種の指導	6月以内の期間
	社会適応課程Ⅰ	A1	義務教育を終了した者のうち，就労上，修学上，生活環境の調整上等，社会適応上の問題がある者であって，他の課程の類型には該当しないもの	社会適応を円滑に進めるための各種の指導	
	社会適応課程Ⅱ	A2	義務教育を終了した者のうち，反社会的な価値観・行動傾向，自己統制力の低さ，認知の偏り等，資質上特に問題となる事情を改善する必要があるもの	自己統制力を高め，健全な価値観を養い，堅実に生活する習慣を身に付けるための各種の指導	
	社会適応課程Ⅲ	A3	外国人等で，日本人と異なる処遇上の配慮を要する者	日本の文化，生活習慣等の理解を深めるとともに，健全な社会人として必要な意識，態度を養うための各種の指導	
	支援教育課程Ⅰ	N1	知的障害又はその疑いのある者及びこれに準じた者で処遇上の配慮を要するもの	社会生活に必要となる基本的な生活習慣・生活技術を身に付けるための各種の指導	
	支援教育課程Ⅱ	N2	情緒障害若しくは発達障害又はこれらの疑いのある者及びこれに準じた者で処遇上の配慮を要するもの	障害等その特性に応じた，社会生活に適応する生活態度・対人関係を身に付けるための各種の指導	2年以内の期間
	支援教育課程Ⅲ	N3	義務教育を終了した者のうち，知的能力の制約，対人関係の持ち方の稚拙さ，非社会的行動傾向等に応じた配慮を要するもの	対人関係技能を養い，適応的に生活する習慣を身に付けるための各種の指導	
第2種	社会適応課程Ⅳ	A4	特に再非行防止に焦点を当てた指導及び心身の訓練を必要とする者	健全な価値観を養い，堅実に生活する習慣を身に付けるための各種の指導	
	社会適応課程Ⅴ	A5	外国人等で，日本人と異なる処遇上の配慮を要する者	日本の文化，生活習慣等の理解を深めるとともに，健全な社会人として必要な意識，態度を養うための各種の指導	
	支援教育課程Ⅳ	N4	知的障害又はその疑いのある者及びこれに準じた者で処遇上の配慮を要するもの	社会生活に必要となる基本的な生活習慣・生活技術を身に付けるための各種の指導	
	支援教育課程Ⅴ	N5	情緒障害若しくは発達障害又はこれらの疑いのある者及びこれに準じた者で処遇上の配慮を要するもの	障害等その特性に応じた，社会生活に適応する生活態度・対人関係を身に付けるための各種の指導	
第3種	医療措置課程	D	身体疾患，身体障害，精神疾患又は精神障害を有する者	心身の疾患，障害の状況に応じた各種の指導	
第4種	受刑在院者課程	J	受刑在院者	個別的事情を特に考慮した各種の指導	—

(3) 保護観察所

　保護観察は少年法第24条③に規定されており、少年院や児童自立支援施設送致といった施設内処遇に対し、社会内で行われる保護処分である。すなわち、自宅等で生活しながら、生活指導を受ける保護処分である。

　保護観察は、常勤の国家公務員である保護観察官と、非常勤で無給、すなわちボランティアである保護司によって実施される。保護観察官は、心理学、教育学、社会学など更生保護に関する専門的な知識と技術を有しており、保護司は篤志家である有識者で法務大臣より委嘱をされている。保護観察の多くは、保護司が担当者となって、直接、少年の生活指導をし、主任官である保護観察官が、保護司をサポートし、保護司の仕事をとりまとめる形態を取る。困難なケースについては、保護観察官が直接担当することもある。

保護観察の種類

　保護観察には、1号観察（対象は家庭裁判所の決定により保護観察に付された者）、2号観察（対象は少年院を仮退院した者）、3号観察（仮出獄した者）、4号観察（刑の執行を猶予され保護観察に付された者）、5号観察（婦人補導院を仮退院した者…十数年来例はない）の5つがある。この中で、少年非行に関するものは、1号観察と2号観察である。

　少年事件の1号観察は、一般の非行事件と交通事件に分類され、一般保護観察、一般短期保護観察（社会適応を促進するための指導を中心とした短期間の保護観察）、交通保護観察（交通事件により保護観察となった者が対象）、交通短期保護観察（交通非行性が固定しておらず、集団処遇が可能な者が対象）という種類がある。

保護観察の方法等

　保護観察に当たっては、遵守事項を定めて、これを守るように指導監督していくことになる。法定の一般遵守事項は、犯罪者予防更生法第34条で「①定住、正業従事、②善行保持、③犯罪性ある者、素行不良な者との交際制限、④転居・長期旅行の許可制」の4点が決まっており、さらに、個別のケースに合わせて、家庭裁判所の意見を聞いて、特別遵守事項を定めることになる。

　通常、少年は月2回程度保護司宅を訪問して現状を報告し、指導助言を受ける。期間については、少年が20歳になるまでが原則だが、成人するまで決定か

ら2年に満たない場合は，2年間となる。期間中でも成績が良好であれば，停止・解除される。

(4) 児童相談所

児童相談所の対象は原則として満18歳未満の児童である。児童相談所は，近年の児童虐待の増加と相まって，社会的に注目をされている。子どもに関する福祉の第一線を担う機関であり，児童福祉法で，都道府県と特別区に設置することが義務づけられている。

児童相談所では，児童福祉司と呼ばれるソーシャルワーカー（一般的にケースワーカーと呼ばれている），臨床心理の専門家である児童心理司，そして医師がチームを組んで，ケースに対応していくことになる。

(5) 児童自立支援施設

児童自立支援施設とは

児童福祉法第44条は，児童自立支援施設について「不良行為をなし，又はなすおそれのある児童および家庭環境その他の環境上の理由により生活指導等を要する児童を入所させ，又は保護者の下から通わせて，個々の児童の状況に応じて必要な指導を行い，その自立を支援することを目的とする施設」と定めている。

児童自立支援施設への入所

児童自立支援施設への入所には2通りある。ひとつは，児童相談所からの措置であり，これは保護者等の同意によって行われる。もうひとつは家庭裁判所を経て入所する場合である。

家庭裁判所の保護処分として送致される場合は，保護者等の同意は必要ではなく，少年は入所が義務づけられる。ただし，入所後の処遇は他の児童と同じとなる。

児童自立支援施設は基本的には開放施設である。しかし，児童自立支援施設の中で，国立の2つの施設は閉鎖施設を持っている。これを利用するためには，少年法第6条③，第18条②に基づき，家庭裁判所の許可が必要である。

児童自立支援施設における処遇

児童自立支援施設の教育方針は，明治32年に家庭学校を設立した留岡幸助の

考え方が基本精神として受け継がれているという。つまり，非行少年を家庭の愛情が不足して育った存在として捉え，家庭的な愛情と教育を与える場として拘禁施設を持たない開放的な一軒家で夫婦が子どもと寝食をともにするという基本理念である。

　この基本理念は，一組の夫婦が児童と生活をともにして寮舎を運営する「小舎夫婦制」として，感化院，教護院時代を経て，現在まで受け継がれている。しかし，近年，このような「小舎夫婦制」を維持することが困難になってきており，全国的に減少傾向にあり，代わって，寄宿舎制・職員交代制に変更する施設が増えてきている。しかし，この小舎夫婦制に替わる施設像はいまだはっきりしない段階にあると考えられている。

文献
安倍正三・石川　稔・梶村太一（1982）．家庭紛争と家庭裁判所　有斐閣
村尾泰弘（編）（2005）．非行臨床の理論と実際　現代のエスプリ　461号　至文堂
村尾泰弘（編著）（2008）．Q＆A少年非行を知るための基礎知識　明石書店

第7章

非行臨床の新たな展開

1　被害者支援──被害者を忘れた刑事裁判

(1)　被害者の立場

　加害者の権利ばかりが重要視されている。被害者の権利はどうなるのか。最近，このような声をさかんに聞くようになった。

　我が国では，明治6年の太政官布告「仇討禁止令」により，それまで私的制裁として認められていた仇討が法的に禁止された。その後，近代法の特徴である民刑峻別の考え方が定着し，犯罪の結果もたらされる被害は，「国家に対する被害」と「被害者個人に対する被害」の2つに分けて考えられるようになったのである。そして，前者は刑事手続きの対象，後者は民事手続きの対象となった。

　刑事手続きは，「加害者対国家」の対決の場となり，加害者は国家権力によって責任を追及され，自ら国家に立ち向かうことが要求される。そのため，加害者には憲法でも，刑事訴訟法においても，自らを国家から防御する権利が保障される，という展開になった。その結果，被害者は事件の当事者であるにもかかわらず，刑事裁判手続きでは排除されて忘れられた存在になっていったのである。

　ところが，被害者には納得のいかないことが多い。加害者に資力がない場合は賠償金を実際に取ることができない。テロ事件の被害者や通り魔殺人の被害者などは，「なぜ，私が，なぜ，身内が」という思いを晴らすことができない。しかも，刑事事件において加害者の権利保障のみに焦点が当てられる現実には，

被害者としては納得がいかないのである。
　これまで，加害者の人権が取りざたされることは多かったのだが，被害者の人権に注目が集まることは少なかったといえる。そのような中で，被害者を支援していこうという動きが高まっており，被害者を支援する民間団体が全国的に設立されてきている。

(2)　多様な援助を必要とする被害者

　通り魔殺人や無差別テロの被害者を考えてみていただきたい。被害者の遺族は事件があったときから生活は一変してしまう。なぜ自分がこのような目に遭わなければならないのか。この理不尽な結末に納得いくはずがない。
　このような特殊な例ばかりでなく，一般的に被害者は犯罪の被害を受けることで，身体的，精神的のみならず，経済的にも大きな苦痛や負担を強いられる。被害者は加害者に対し民事の損害賠償請求をおこすことが可能であるが，たとえ裁判に勝っても，加害者が無資力のため，損害賠償を受けられないことが多く，犯罪被害者の実質的被害回復の観点から，損害賠償制度は完全ではない。また，精神的なショックから立ち直れない場合も少なくない。このように被害者の支援は精神面，経済面，生活面など多角的な支援を必要とするのである。
　犯罪被害者への損害賠償制度については，1980（昭和55）年に，「犯罪被害者等給付金支給法」が制定され，生命や身体を害する犯罪行為によって思いがけず殺された者の遺族または重い障害を負った者には，国から，遺族給付金・障害給付金と呼ばれる見舞金的な一時金が支給されることになった。その後，近年になって国は被害者問題についてかなり動き始めている。平成16年には「犯罪被害者等基本法」が制定され，翌17年には「犯罪被害者等基本計画」が策定された。
　次に，国によるこれまでの犯罪被害者等支援の主な取り組みをピックアップして，概観してみたい。

(3)　国による犯罪被害者等支援の取り組み

・昭和56年「犯罪被害者等給付金支給法」施行
・平成12年　犯罪被害者等保護二法制定
　　性犯罪に関する告訴期間の撤廃。公判におけるビデオリンク方式（性犯罪などの被害者が関係者がそろった法廷で証言することで精神的に負担を受けるような場合に，その負担を軽減するため証人を別室に在席させ，モニター

を通して尋問を行う方式）など証人の負担を軽減する措置の導入等。
・平成16年「犯罪被害者等基本法」制定（平成17年4月施行）
　　犯罪被害者等が直面している困難な状況をふまえ，その権利利益の保護を図り，総合的な支援を進めることとした。
・平成17年「犯罪被害者等基本計画」策定
　　「損害回復・経済的支援等への取組」「精神的・身体的被害の回復・防止への取組」など，258の支援施策を盛り込む。
・平成19年「犯罪被害者等の権利利益の保護を図るための刑事訴訟法等の一部を改正する法律」成立
　　刑事裁判への被害者参加制度や刑事手続きの成果を損害賠償請求に利用することができる制度の導入。
・平成20年「犯罪被害者等給付金の支給等に関する法律の一部を改正する法律」成立（平成20年7月1日施行）
　　遺族給付金や重傷病給付金の支給に関し，医療費の自己負担分に加え，休業補償を加算することを盛り込んだ。

(4) 犯罪被害者の求める支援

　さて，犯罪被害者たちは，実際にどのようなことで苦しみ，どのような支援を求めているのであろうか。
　平成19年神奈川県は，県内の犯罪被害者等を対象に事件後の心境や状況，必要と感じる支援，地方公共団体に求める支援施策等について意識調査を実施した。その結果から，犯罪被害者たちの心情や求める支援を検討してみたい。

犯罪被害者等の意識調査

　調査の結果（神奈川県，2008）をみると，次のようなことがわかる。
① 事件後の心境や状況
　犯罪被害者等の多くが，事件後，「不眠・食欲減退などの症状が続いた」（67.6％）などの精神的・身体的不調，「事件に関連して医療費，交通費，裁判費用などの負担が生じた」（56.8％），「収入が減って，生活していくうえでの不安があった」（32.4％）などの経済的問題，「刑事手続きについてわからず不安だった」（51.4％），「警察などでの事情聴取が苦痛だった」（43.2％）といった捜査等の過程における情報不足や精神的負担，そして，「人目が気になり，外出できなくなった」（37.8％），「家事，育児，介護ができなくなった」（29.7％）などの日常生活上

の支障，「マスコミからの取材で迷惑した」(32.4%) などさまざまな問題を抱えており，さらには，こうした「事件後に困ったことなどを相談できる窓口などがなかった」(32.4%)，「事件のことを安心して話せる人がいなかった」(29.7%) というように相談できる人や窓口がないと感じている。

② 必要と考える支援

多くが「精神的な支え」(86.5%)，「経済的な援助」(81.1%)，「捜査状況の連絡」(81.1%) を望み，「警察（62.2%)，病院（62.2%)，裁判所（64.9%）への付添い」や「支援機関・団体等の情報提供」(70.3%)，「弁護士の紹介」(67.6%)，「専門家のカウンセリング」(67.6%) などの支援も必要としている。

また，警察や県・市町村等の公的機関に対して，「総合的な窓口による支援」(73.0%) や医療，福祉，法律等支援制度全般について相談できる「総合アドバイザーによる支援」(73.0%)，「犯罪被害者等に対する理解の促進」(67.6%) といった施策を求めていることがわかる〔（ ）内は必要・どちらかといえば必要を足した数値である〕。

(5) 被害者支援の実際

各県の行政や警察では被害者への支援に力を入れ始めている。また，民間の被害者支援団体の設立も進み，公的な機関と連携しながら被害者支援を行っている。

民間被害者支援団体が行っている被害者支援活動は，1．電話相談　2．面接相談（カウンセリングを含む）　3．直接支援（被害者の法廷付添いや病院訪問，自宅訪問などを行う）　4．自助グループへの支援，などがある[1]。

被害者支援には弁護士や臨床心理士などの専門家だけでなく，ボランティアなど多様な支援が求められる。また各都道府県の行政との密接な連携が求められよう。

(6) 家族支援の必要性

犯罪被害では二次被害が取りざたされることが多い。例えば，警察の事情聴取において無配慮な質問を受け，さらにトラウマを悪化させることなどはよく知られている。しかし，二次被害として家族関係の悪化が生じることは一般的にはあまり知られていない。実際の支援現場では，犯罪や事故で子どもを失った夫婦が失意の末に離婚に至ることなどはよく耳にすることである。大和田 (2003) は子どもを犯罪（交通事故を含む）で亡くした親124名を対象に質問紙

調査を行い，二次被害について因子分析を行ったところ，「家族関係の悪化」が第1因子となったことを報告している。

なぜこのようなことが起こるのか。ひとつには男性と女性ではストレス対処の方法が違うのだという指摘がある。例えば，子どもを失った男性（夫）は仕事に黙々と打ち込むことでつらい気持ちを乗り越えようとすることが多い。ところが女性（妻）は自分のつらい気持ちを夫に聞いてもらいたい，話がしたいと思う。すると，この妻にしてみれば，夫の態度はいかにも冷たい態度として映るに違いない。子どもを亡くすことは悲劇である。しかも，そのうえで夫婦関係が壊れてしまうとすれば二重の悲劇であろう。被害者のみならず，その家族をサポートすることも重要であることが理解されよう。

2　被害者の視点を取り入れた教育——少年院，刑務所での取り組み

(1)　被害者の視点を取り入れた教育

前述のような被害者に注目する時代の流れは，犯罪少年の更生の場においても大きな影響を与えるに至った。これは被害者の立場を尊重する姿勢となり，矯正教育にも影響が表れている。平成17年4月から，全国の少年院で「被害者の視点を取り入れた教育」が実施されるに至った。

被害者の視点を取り入れた教育については，もともと少年院では，被害者の気持ちを考えるという教育は行われていたが，具体的に行われるようになったのは，平成9年の神戸連続殺傷事件（いわゆるサカキバラ事件）の後，少年院の生活訓練課程G_3（160ページ，表6-1参照）の中に，被害者やその家族の気持ちを考えるという教育が導入されるようになってからである。その後，平成16年に外部の専門家や大学関係者などが入って「被害者の視点を取り入れた教育研究会」が立ち上げられ，被害者の生の声や被害者理解のためのビデオ制作などが行われ，体系的なプログラムが作られ，平成17年4月から全国すべての少年院で「被害者の視点を取り入れた教育」が行われるようになった。

また，刑務所においても平成18年5月から必要に応じて，この「被害者の視点を取り入れた教育」が行われるようになっている。

一例としてA少年院の取り組みを紹介したい。

A少年院では，入院から出院に至るまで，個別面接によって，被害者の心情を理解させる教育を行っている。これに加えて，集団討議（グループワーク），

ゲストスピーカーによる講話（被害者の「生の声」を聞く），ワークブックを用いての指導など被害者の視点を取り入れた教育を行っている。

集団討議とは，7〜8名のグループを作り，そこに職員が2名ほど入り，自由に話させることで，グループとして少年たちの成長を促していくものである。少年院としては，①グループに入ることを強制しない。すなわち，本人の意志を尊重する。②グループ内で話をした内容は他者にもらさない。すなわち，秘密を守る。という2点をグループ運営の条件としている。グループを作るうえで対象となる非行内容は，性犯罪，薬物非行，窃盗，傷害である（性非行のグループについては女性職員が1名入る）。これは，毎週1回，3カ月間行われる。原則12回であるが，状況に応じて，長短が出てくる。このグループはいわばこころの奥のことまで語ることになるので，深い信頼関係を形成することになる。いってみれば，こころの扉を開けることになるので，出院するときは，再びグループで話し合いをして，このこころの扉を整えて出院させるというフォローアップの段階を行うという。

また，A少年院では非行を振り返り，被害者のことを考える独自の「ワークブック」が作成されている。このワークブックは読んで設問に回答する形式のものである。さらに，同少年院で独自の取り組みとして「ユースフルノート」が活用されている。これは担当者に対して，伝えたいことを書く，何を書いてもよい。自分のこころの奥底のことまで担当者と相談したり，表現したりできる。このようなものを活用して，被害者の視点を取り入れた教育を行っている。

少年院の職員から話を聞く機会を得たが，被害者への対応は，非行の形態によって左右されるという。傷害などは，実際に身体を傷つけたという自覚があるので，被害者のことを深く考えるようになるが，薬物非行などでは，被害者はいわば自分自身であるので，被害を与えた自覚が深まりにくい。また，万引きも個人に被害を与えたというより店に被害を与えたという受けとめ方になりがちであり，しかも店に大した被害を及ぼしていないといった受けとめ方が生じやすく，被害者の心情の共感は深まりにくい。最近の「振り込め詐欺」も被害者の顔が見えないので，同様の印象があるという。

被害者教育に活用される手法として，ロールレタリングがある。これは，加害者である少年が，被害者に対して手紙を書き（実際には投函しない），それを今度は少年が被害者の立場に立って読み，少年が被害者の立場に立って返信の手紙を書く。これを何回か繰り返させるというものである。

これも被害者の心情理解の深まりはケースバイケースである。特に性非行の

場合は，被害者は加害者と二度と会いたくないと思っている場合も少なくない。そういう場合のロールレタリングは，被害者の立場に立って，「もう来てほしくない」という手紙で終わってしまい，深まりが欠ける場合も出てくる。そこで，被害者の心情理解をどのように深めていくかが，担当者の苦慮するところとなる。指導も，出院後謝罪に行くという方向の指導に進む場合もあれば，直接謝罪に行くのは好ましくない，別の形で誠意を示すにはどうすればよいかという指導に進む場合も出てくる。このように，結論は，あくまで少年の自己決定を尊重しているという。

　さて，被害者の心情が深まりにくい場合を考えてみると，その要因となるものとして，自分自身も被害体験を受けている場合が挙げられる。例えば，自分自身が親から虐待を受けてきた場合や，自分も他の少年から暴力の被害を受けてきた場合，また暴力団から脅されてその結果として金員を盗んだ場合など，自分も被害体験がある場合である。こういう場合は，通り一遍の「暴力は悪い。被害者に悪いことをした」といった指導では，こころの中に入っていかない。少年自身の被害体験への手当てが不可欠となる。すなわち，少年自身の被害体験にじっくりと耳を傾け，そこを理解し，受け容れてやることを行って，初めて被害者の心情に共感できるようになる。つまり，受け容れて指導するということが大切になるのである。

(2) 被害者の視点を取り入れた教育の本質とは何か

更生を阻害する要因としての被害者性

　次の事例を見ていただきたい。成人の加害者に被害者に関して話を聞いたものである。

成人A・傷害事件（40歳代）
　ホームレス状態で生活していたところ，同じくホームレス状態にあった成人を刃物で刺した。Aは自分が刺さなければ，逆に相手の仲間から刺されたに違いないと訴え，今までに暴力の被害体験を繰り返してきたことを述べた。

成人B・傷害事件（50歳代）
　子どもの担任教師を刃物で刺した。Bは，今までに被害者から屈辱的な言動を受けてきたことを強調しており，あたかも自分の方が被害者であるかのような口ぶりであった。

成人C・傷害事件（50歳代）
　妻を刃物で負傷させた罪で服役している。彼もまた，妻と諍いを続けてきた

こと，自分も悪いが妻も問題だと述べ，妻から屈辱的な言葉を浴びせられたと訴えた。

　三者に共通しているのは，被害体験を強調している点である。彼らは，「被害者はかわいそうだが，自分はもっとひどい目に遭ってきた」と主張している。

加害者自身の被害者意識と被害者理解の乖離
　非行を繰り返す少年たちや成人たちは，生い立ちの中で親から不適切な養育態度で対応されてきたり，他者から屈辱的な対応を受けてきたものが少なくない。しかし，その被害者体験が上記のように，更生の妨げとなっていることがわかる。これはすでに述べた「加害者でありながら被害者意識が強い」という非行少年の特殊性とも共通している。つまり，「自分はもっとひどい目に遭ってきた」という思いが罪悪感の深まりを妨げているのである。

認識変換の必要性と可能性
　「被害者はかわいそうだろうが，自分はもっとひどい目に遭ってきた。だから，被害者の苦しみなどどうでもいい」という認識では被害者の視点に立つことはできない。
　しかし，彼らの被害者意識の強さに，次のような可能性も考えられないだろうか。つまり，被害体験を有するがゆえに，いっそう被害者の苦しみを深く理解できるという可能性である。
　非行少年の更生のためには，このように被害者に対する認識・考え方を変化させる必要があることが理解される。つまり，「自分はひどい目に遭ってきた。だから，被害者のことなんかどうでもいい」（認識A）から「自分はひどい目に遭ってきた。だから，いっそう被害者の苦しみは人一倍よくわかる」という認識（認識B）への変換である。
　この認識の変換は決して容易ではないだろう。しかし，本当の意味で非行少年が更生するためには，この認識の変換が必要不可欠である。
　この変換を可能にするためには，非行少年の被害者性への手当てが重要になることはいうまでもない。これは，「少年自身の被害体験にじっくりと耳を傾け，そこを理解し，受け容れてやることを行って，初めて被害者の心情に共感できるようになるのである」と指摘したまさに，その点である。
　今までに非行や犯罪を繰り返してきた少年，成人たちは，こころの中に大き

な被害者意識を抱えている。その被害者意識を有するがゆえに，被害者に対する理解が進まないという，大きなパラドックスを抱えている。これは言葉を換えれば，「自分の被害者意識と被害者理解の乖離」と表現することもできる。このパラドックスの解消こそが，非行臨床の大きな目的といえよう。筆者は被害者の視点を取り入れた教育の本質とは，この変換を行うことだと指摘したい。そして，この視点に立っての非行臨床のあり方を今後模索していきたい。

3　修復的司法

(1)　修復的司法とは

　少年犯罪や外国人による犯罪，その他，凶悪な事件の報道が後を絶たない。また，地域社会の人間のつながりが希薄化している。このような中で，もっと地域の力を見直していこうとする動きが起きている。地域で犯罪を捉え直し，加害者と被害者の対話や交流を促していこうとする考え方である。これは世界的な動きとなり，大きな流れとなってきている。

　修復的司法（Restorative Justice：修復的正義，回復的司法とも訳される）とは，犯罪を被害者と加害者，その家族を含む地域社会の問題として捉え，地域社会の回復力で自ら修復していこうとするものである。もともと犯罪は，地域社会の問題であった。それが近代に至り，社会の秩序維持が国家の役割となってから，犯罪は国家に対する犯罪となり，前述のように，刑事事件では，被害者は当事者として参加する機会もなく疎外感を持たざるをえない存在になった。修復的司法は，もう一度犯罪を被害者と加害者と地域の人間的な関係の中で捉え直し，当事者参加的対話的手法によって，被害回復と加害者の更生，地域の安全を図ろうとするものなのである。

　修復的司法の具体的手法の中で，最も世界的に普及しているのは，「被害者加害者調停」(victim offender mediation：VOM) で，アメリカ合衆国で300以上，ヨーロッパで900以上のプログラムがあると言われている。

(2)　修復的司法の実際

　少年事件に効果的といわれるのが「ファミリー・グループ・カンファレンス」(family group conference：FGC) で，特にさかんなのはニュージーランド（1989年に法制化）とオーストラリアである。アジアではシンガポールでも法制化さ

れている。

　これは少年事件のうち，凶悪事件を除く犯罪に対して開かれる被害者と加害者の直接対話によるカンファレンス（会議）である。ファシリテーターが入り，加害者およびその保護者もしくは関係者，被害者とその保護者もしくは関係者と地域の人々がともに少年が犯した犯罪について話し合う。この話し合いによって，加害者は被害者の心身のダメージについて理解を深め，一方，被害者はなぜ加害者が犯行に及んだのかのプロセスを理解し，加害者・被害者ともに，相互の立場についての理解が深まる。その結果，加害者は，被害者へ謝罪し，犯行への謝罪も含めて，地域社会でのボランティア等をすることにより罪を償うのである[2]。

　このように修復的司法にはさまざまな形態が考えられるが，共通することは次の点だと考えられる。

　①加害者と被害者（遺族）の直接的会合　②被害者の癒し　③被害者の被害からの回復と被害者・加害者の関係性の修復　④加害者の被害者への謝罪　⑤加害者の再犯防止

　しかし，この修復的司法にはさまざまな可能性がある一方で，問題も指摘されている。例えば，少年事件には有効との指摘がある一方で，凶悪事件や暴力事件には不適当であるという指摘である。

(3)　日本における修復的司法の現状

　日本では，まだまだ修復的司法はその緒についたところというのが実情である。多くの研究者によって世界各国の修復的司法や日本に導入する場合の課題に関する論文が書かれ，学会でも取り上げられているものの，具体的な制度や実践となると，各地で実験的試みがなされている程度の初歩の段階にあると言わざるをえない。そのひとつが，2001年6月に千葉県で立ち上げられた「被害者加害者対話の会運営センター」（NGO）での取り組みである。

(4)　日本での修復的司法の実際

　「被害者加害者対話の会運営センター」が行う「対話の会」のプログラムの一部を紹介したい。

1)　対話の準備

　センター内で担当する進行役（通常2名）を決め，この進行役が被害者・加害少年・家族等と面談し，対話の目的・意義などを充分に説明し，被害者の被

害状況・加害少年が非行を犯すに至った経緯などを聞くとともに，両当事者に参加の意思があるか，相手の人格を尊重しつつ対話できる状態にあるかなどを確認する。
２）対話の参加者
　両当事者の希望により，家族やそれ以外の支援者，地域の人（教師，保護司，友人，近所の人等）が参加できる。
３）対話の進め方
　非公開，秘密保持を基本とし，次の四段階で進める。
　第一段階
　　各参加者が事件での自分の体験，事件によって受けた影響を話す時間。
　第二段階
　　質問と答えの時間。被害者は「どうして自分が襲われたのか」「警察に通報したことで，自分を逆恨みしてやしないか」などの疑問や不安を加害少年に直接尋ねることができる。
　第三段階
　　被害の回復や少年の更生のために何ができるか話し合う時間。
　第四段階
　　話し合いが合意に達した場合，進行役はその内容を文書にまとめ，これを読み上げて参加者に確認し，各参加者の署名をもらってコピーを渡す。
４）対話の後で
　合意文書の約束事が守られたかどうか確認し，必要に応じてフォローアップのための対話の会を開く。

　このセンターの行う「対話の会」のモデルは，アメリカのミネソタ大学にある「修復的司法調停センター」が提唱し，進行役の養成講座等を開いて普及に努めている「VOM」や「FGC」にあるという。
　同センターの山田由紀子弁護士は，加害者と被害者，お互いが人間的な接点をまったく持たないままにマスコミ報道や刑事・民事の手続きが進行していくことの弊害を指摘し，「マスコミを通じて見た相手のわずかな言動や民事裁判で相手の代理人弁護士が書いた法律上の主張を見て，『自分に都合のよいことばかりを書いている』，『反省の気持ちが感じられない』などと不信感をつのらせたり疑心暗鬼になったりする」と述べる。そして，「（その結果），その溝や距離は何倍にもなってしまう。進行役として，別々に　双方に会ってみると，

どちらの当事者も家族も普通以上に常識的で人間的な人々であることを実感する」と，直接対話の意義の大きさを強調している（山田，2002）。

　高度に機械化され，情報化された社会だからこそ，修復的司法が主張する地域の修復力や直接対話の意義を改めて考え直していく必要があるのではないだろうか。

4　おわりに

(1)　被害者支援と地域の解決力

　現代の非行臨床にある意味で革命的なインパクトを与えたものは何かと問われれば，筆者は被害者支援の観点であると答えたい。非行臨床に携わるものは，もっぱら加害者の問題に関心を向けるばかりで，被害者の心情理解や被害者のケア，被害者支援という観点は長い間放擲してきた。被害者の理解はあくまで加害者を理解するうえでの補助的なものにすぎなかった。しかし，現在，被害者の問題が急激に注目されるようになった。トラウマ，PTSDといった言葉が一般にも浸透するようになった。一昔前を思うと隔世の感がある。

　また，この被害者支援の意識の高まりに呼応して修復的司法が注目されるようになった。被害者支援にしろ修復的司法にしろ，これらへの注目は日本だけの問題ではない。世界的な大きな流れを形成してきているのである。

　ただ，このような被害者への着目の中で懸念される動きも散見される。それは加害者への厳罰化の動きである。被害者は事件によって計り知れないダメージを受ける。それは身体のダメージであり，こころのダメージであり，経済的なダメージである。そのような被害者のダメージに直面すると，加害者を許せなくなる。その心情はよく理解できる。しかし，それがもっぱら加害者への厳罰化へと短絡的につながっていくのはいかがなものか。

　修復的司法の動きにも不安材料がある。近年，ますます修復的司法の手法を検討するようになってきているのは大変結構なことである。しかし，これについても，ともすると修復的司法の方向性を誤る危惧も感じられる。すなわち，加害者と被害者の接点を作っていくことに終始してしまう恐れがあるからである。修復的司法では，加害者と被害者の直接的な対話を促していくことは重要な要素である。しかし，それだけではない。そこには地域の解決力というものが同様に重要なものとして存在すべきなのである。また，加害者と被害者が地

域の中で共存することを促すということも重要な要素である。地域のかかわりを抜きにして，加害者と被害者の直接対話を促していくだけでは，本来の修復的司法とはいえない。我々は，この点の認識も充分持つべきであろう。

(2) 「困った少年」から「困っている少年」への認識の変換

　最後に，筆者が考えている非行臨床の基本的な立場を述べておきたい。非行臨床にはダブルロールに代表されるようなきわめて複雑で難しい問題を内包していることはすでに書いた。単に非行少年の心情を受け容れればよいというものではない。まして甘く接すればよいというものではない。これらは本書の中で繰り返し強調したつもりである。しかし，そのうえで，あえて筆者の非行臨床の姿勢をきわめて平易な言葉で付け加えておくことにしたい。

　さて，非行少年とはどのような存在なのであろうか。非行少年たちは一言で言うならば「困った少年」である。彼らの非行行動によって親や教師，あるいは周囲は困っているわけである。そして，その行動を是正しようとして，親や教師は厳しく対応したり，やさしく接したり，あらゆる対応を試みることになる。しかし，それでも彼らの行動は改善されない。そういう少年たちが我々，心理臨床家のところにやって来るのである。

　では我々はどのように対応するか。

　我々はこの「困った少年」という認識を違う認識に変換するのである。端的に言うと，「困った少年」から「困っている少年」という認識に変換するのである。「困った少年」と「困っている少年」では，ほんのわずかな言葉の変化であるが，意味は180度変わる。

　「困った少年」とは，困っている主体は少年を取り巻く周囲である。周りが困っているのである。ところが「困っている少年」ではどうか。これは困っている主体は少年自身である。「本人自身が困っている」から「困ったことをする」と考える。そして，この少年は，どこで困っているのか。どのような内容で困っているのか。このような視点から少年を理解していく。そして，少年が困っていることやその状況が理解できれば，そこに手当てを与えていくのである。これが筆者の臨床心理学的なアプローチの根底にある考え方の基本である。最後に，この認識の変換の重要性を強調して本書を締めくくることにしたい。

注
(1) ただし，全国の民間被害者支援団体が，これらの支援活動をすべて行っているとは限らない。民間被害者支援団体の活動は電話相談から出発し，そのうえで活動の幅を広げてきた団体が多いと考えられる。
(2) FGCは大別して2種類あり，ひとつは非行問題についてのFGCであり，もうひとつは児童虐待のFGCである。修復的司法で取り上げられるのは前者である。虐待のFGCも効果を上げている。

文献

神奈川県（2008）．神奈川県犯罪被害者等支援に関する有識者懇談会報告書
西澤　哲（1999）．トラウマの臨床心理学　金剛出版
大和田攝子（2003）．犯罪被害者遺族の心理と支援に関する研究　風間書房
関根　剛（2008）．少年院とはどのような施設ですか　村尾泰弘（編）Q&A少年非行を知るための基礎知識　pp.178-179．明石書店
山田由紀子（2002）．少年と被害者の関係修復を目指して　月刊少年育成　第47巻第4号　pp.8-14．大阪少年補導協会

索引

アルファベット

ADHD …………………………… 122
IP ………………………………… 41
PTSD …………………………… 101, 102

あ行

アスペルガー症候群 …………… 120
遊び型非行 ……………………… 15
アニマ …………………………… 74
アニムス ………………………… 74
アンダーソン（Anderson,M.） … 51
いきなり型非行 ……… 1, 3, 4, 16
いじめ ………… 131, 132, 133, 135, 136
影響相対化質問法 ……………… 55
エス ……………………………… 66
エディプス的反抗 …………… 30, 31
エプストン（Epston,D.） …… 51, 55
オールタナティヴ・ストーリー … 52

か行

外在化 ………………… 54, 57, 60
カウンセリング ……………… 37, 40
加害者意識 …………………… 25
学習障害（LD） ………………… 3
覚せい剤 …………………… 142, 144
影 ………………… 73, 75, 76, 77
家族システム ……… 41, 43, 44, 45, 47
家族療法 ………… 41, 42, 45, 51, 62
家庭裁判所 ………… 149, 153, 155
家庭裁判所調査官 ……… 151, 155
感染性非行 ………………… 28, 30

虐待 ……………… 19, 103, 104, 123, 131, 132, 134, 135
逆転移 …………………………… 114
ギャング ………………………… 5
教育主義 ………………………… 149
共感的理解 ……………………… 40
グーリシャン（Goolishian,H.） … 51
ぐ犯少年 ………………………… 152
グレート・マザー ……………… 74
ケースカンファレンス ………… 113
検察官 …………………………… 156
抗告 ……………………………… 158
構造派 …………………………… 45
行動化
（アクティング・アウト）… 20, 21, 25, 82, 83, 89, 90
校内暴力 ………………………… 5
広汎性発達障害 … 3, 120, 122, 123, 124
コーピング・クエスチョン …… 63
コフート（Kohut,H.） ………… 13
個別処遇の原理 …………… 149, 150
コミュニケーション派 …… 45, 46
コンプリメント（compliment）… 64

さ行

在宅送致 ………………………… 154
自我 ……………………………… 66
自我状態 ………………………… 28
自我の安定度 …………………… 30
自我防衛 ………………………… 67
試験観察 ………………………… 157
自己愛 …………………………… 13

索引

自己愛的激怒（narcissistic rage）… 13, 14
自己一致……………………………… 40
自己決定………………… 21, 25, 26, 50
児童自立支援施設………………… 156, 162
児童相談所…………………………… 162
児童養護施設………………………… 156
自閉症………………………………… 120
ジャクソン（Jackson,D.D.）………… 51
集合的無意識………………………… 71
修復的司法………………… 172, 173, 175
受容……………………………… 38, 40
ジョイニング………………………… 47
衝動的性格…………………………… 70
少年院……………………… 156, 159, 160, 168
少年鑑別所…………………………… 158
少年審判……………………………… 149
触法少年……………………………… 152
職権主義………………………… 149, 150
職権主義的審問構造………………… 150
シンナー……… 139, 140, 141, 142, 146
審判不開始…………………………… 155
スーパービジョン………… 113, 115, 116
スケーリング・クエスチョン………… 63
ストレス………… 98, 99, 101, 107, 109
ストレッサー……………… 98, 99, 100
前エディプス的反抗……………… 30, 31
全件送致主義………………………… 154
戦略派…………………………… 45, 46
ソリューション・フォーカスト・
　アプローチ…………………………… 62

た行

ダブル・バインド（二重拘束）43, 85, 87
ダブルロール………………… 17, 81, 91
チーム………………………………… 5
注意欠陥多動性障害（ADHD）3, 120, 121
超自我…………………………… 19, 66
転移…………………………………… 114
投影……………………………… 77, 79

投影同一化………………………… 78, 79
当事者主義的対審構造……………… 150
ドーピング…………………………… 147
ド・シェイザー（de Shazer,S.）……… 62
ドミナント・ストーリー………… 52, 53
トラウマ… 98, 101, 103, 106, 109, 135
トリックスター……………………… 74

な行

内在化………………………………… 54
ナラティヴ・セラピー……… 50, 51, 52
ニート…………………………… 1, 2, 3
二次元的非行性理解…………… 32, 35
二次受傷………………………… 111, 113
ネット型非行…………… 1, 2, 3, 12, 16

は行

バーンアウト…………………… 109, 111
破壊性行動障害マーチ……………… 121
箱庭療法……………………………… 80
発達障害…………… 1, 3, 119, 120, 123
犯罪少年……………………………… 152
犯罪被害者等支援…………………… 165
被害者意識 17, 19, 20, 21, 25, 27, 171
被害者意識のパラドックス………… 17
被害者支援………………… 164, 167, 175
被害者の視点を取り入れた教育… 168, 170
被害体験……………………………… 20
ひきこもり………… 1, 2, 3, 6, 10, 12
非行カウンセリング………… 25, 37, 38
非行深度……………………………… 28
非行性の二次元的理解……………… 30
非コミュニケーション型非行……… 12
ひったくり……………………… 8, 10
不処分………………………………… 156
不適応性非行…………………… 28, 30
普遍的無意識………………… 71, 72, 73
ブリーフセラピー…………………… 62

プレイセラピー……………………… 106
フロイト（Freud,S.） ………… 65, 71, 72
ベイトソン（Bateson,G.） ………… 43, 51
ヘイリー（Haley,J.）………………… 46
ペルソナ……………………………… 74
防衛機制…………………………… 67, 68
暴走族……………………………… 137
保護観察…………………… 156, 159, 161
ポジティブ・リフレーミング……… 48, 64
ポストトラウマティック・プレイ…… 106
ポストトラウマティック・プレイセラピー
……………………………………… 106
ホワイト（White,M.）…… 51, 53, 55, 60

ま行

マルチシステミック・セラピー（MST） 92
万引き……………………………… 127
身柄付送致………………………… 154
ミニューチン（Minuchin,S.） ……… 46, 47

ミラクル・クエスチョン……………… 63
虫退治…………………………… 57, 60

や行

薬物防止教育……………………… 147
薬物乱用………………………… 138, 145
有機溶剤………………………… 139, 143
ユニークな結末……………… 50, 53, 56
ユング（Jung,C.G.）……………… 71, 72
抑圧………………………………… 66

ら行

理科実験型………………………… 127
リ・ストーリング (re-storying)………… 53
リフレクティング・チーム…… 115, 116
老賢人……………………………… 74
ロジャーズ（Rogers,C.R.）………… 40

著者紹介

村尾泰弘（むらお・やすひろ）

立正大学社会福祉学部教授。
1981年3月横浜国立大学大学院教育学研究科修士課程修了。家庭裁判所調査官として少年非行や離婚など多くの家庭問題にかかわった後，立正大学専任講師，助教授を経て，現在立正大学社会福祉学部教授。NPO法人「神奈川被害者支援センター」副理事長。臨床心理士・家族心理士としても活動している。
専門領域は非行臨床，臨床心理学，家族心理学。
主要著書として，『人間関係の心理と支援』（編著，新曜社），『Q&A 少年非行を知るための基礎知識』（編著，明石書店），『家族臨床心理学の基礎』（北樹出版），『醜い感情の心理』（大日本図書），『精神分析とブリーフセラピー』（モルノス著　翻訳，川島書店），『父親——ユング心理学の視点から』（サミュエルズ編・共訳，紀伊國屋書店）など多数。

非行臨床の理論と実践
―― 被害者意識のパラドックス

2012年9月28日　初版第1刷発行　　　　　［検印省略］
2016年10月20日　初版第2刷発行

著　者	村尾泰弘
発行者	金子紀子
発行所	株式会社　金子書房

〒112-0012　東京都文京区大塚3-3-7
TEL 03-3941-0111(代)　FAX 03-3941-0163
振替　00180-9-103376
URL http://www.kanekoshobo.co.jp
印刷／藤原印刷株式会社　　製本／株式会社宮製本所

© Yasuhiro Murao 2012
Printed in Japan
ISBN 978-4-7608-3253-8　C3011